本书受国家社科基金青年项目

"可变利益实体下我国引入双重股权结构的制度设计与风险防范研究"

（16CGL014）的资助

南昌大学青年学者经管论丛

银行监管有效性的实证研究

基于银行竞争度、效率和风险的多维视角

THE EMPIRICAL STUDY ON
THE EFFECTIVENESS OF
BANKING REGULATION AND SUPERVISION

邵汉华　著

社会科学文献出版社
SOCIAL SCIENCES ACADEMIC PRESS (CHINA)

摘　要

　　银行是现代金融体系的重要组成部分，在繁荣宏观经济和改善社会福利方面发挥着至关重要的作用。稳健高效的银行体系能够在风险可控的条件下，将社会资金最大限度地聚集起来，并配置到最有活力的经济部门，从而实现经济总量的扩张和质量的提升。如何完善银行监管、促进银行高效稳健经营，一直是近百年来经济学界和监管当局高度关注的一个重大课题。尽管许多国家的银行监管机构都将促进银行稳健高效运营、保障消费者权益以及维护国民经济良好运转作为监管目标，并对通过加强银行监管来实现上述目标抱有很大希望，但是实际监管效果不尽如人意。此轮全球金融危机暴露出的监管问题，引发了各界对现有银行监管制度和政策的反思。因此，对银行监管有效性的实证分析，对于完善监管政策框架、促进银行稳健高效运营意义重大。鉴于此，本书在对银行监管的理论、运行机制及功效等问题进行全面梳理和分析的基础上，构建了较为全面的跨国银行业数据库和银行监管数据库，从竞争、效率和风险三个维度对银行监管的有效性进行了实证检验，并结合《巴塞尔协议Ⅲ》，对中国审慎监管工具的有效性进行了定性分析和实证检验，以期丰富和完善对银行监管有效性的评估研究，为中国商业银行审慎监管改革提供经验支撑，促进中国商业银行稳健高效运营。

1

　　首先，基于全球 128 个国家或地区 1998～2010 年相关数据，采用 Lerner 指数和 Boone 指数衡量银行的竞争，对银行监管背景下银行竞争行为的实证研究发现：样本期间全球银行业市场势力总体呈现波动上升趋势，但在 2008 年金融危机期间出现明显下降，发达国家的银行竞争度要高于发展中国家；资本监管政策显著地提高了银行竞争度，而经营限制、市场监督和政府监管权力的提高均显著地增加了银行垄断势力，削弱了银行竞争。

　　其次，在对银行监管与银行效率之间的关系进行理论分析的基础上，使用较为全面的跨国银行业数据，采用 DEA 模型测算了银行效率，对银行监管与银行效率之间的关系进行了实证研究。我们的研究结果表明：在采取更严格资本要求和有着更强政府监管权力的国家，银行资源配置能力更佳，银行经营效率更高，资本监管和政府监管权力的提升有利于银行效率增加。而在对银行经营活动有着更加严格限制和对银行向市场披露信息有着更加严格要求的国家，银行效率往往更低，经营限制和市场监督显著地降低了银行效率。

　　再次，在全面回顾银行监管与银行风险关系的相关研究的基础上，构建跨国银行业数据库，利用系统 GMM 模型实证分析了银行监管与银行风险的关系。同时，我们还进一步考察了这种关系在不同政治环境、法制水平和政府治理情况等制度条件下是否发生改变，即同样的银行监管在不同的制度质量下对银行风险的影响是否存在异质性。研究发现，对银行经营活动的限制不仅显著地降低了银行经营风险，还降低了银行信贷风险，经营限制有利于促进银行稳定。但是，经营限制的风险抑制效应依赖一定的制度水平。只有当该国的制度水平超过一定的门槛值，经营限制才会降低银行风险，否则会提高银行风险。样本内大部分经济体的制度指数都超过了门槛值，经营限制总体上有利于降低银行风险。市场监督对银行风险的影响存在不确定性，有利于降低银行信贷风险，但提高了银行整体经营风险。资本监管和政府监管对银行经营风险和信贷风险的影响均不显著，但是资本监管与制度质量在降低风险中存在显著的替代效应，制度质量的改善有利于提高政府监管的银行信贷风险抑制效应。总体来看，银行监管对银行风险的影响在不同制度水平的经济体中表现出一定的异质性。

最后，我们在对《巴塞尔协议Ⅲ》及其在中国的实践等问题进行定性分析的基础上，采用随机前沿生产函数和非效率影响因素模型的联合估计方法，实证分析了中国现有审慎监管工具对银行成本效率和利润效率的影响。同时，我们还利用系统 GMM 估计模型研究了审慎监管指标对银行信贷风险和银行经营风险水平的影响。研究发现，较高的资本充足率在降低银行信贷风险的同时，也降低了银行的成本效率和利润效率；拨备覆盖率的增加有利于降低银行信贷风险，但显著地提高了银行成本效率；杠杆率和贷款拨备率对银行利润效率的影响为正向，但贷款拨备率增加了银行风险；存贷比监管不仅不能降低银行信贷风险和经营风险，还显著地降低了银行成本效率和利润效率；流动性比率对银行风险和银行效率的影响均不显著。这些结论表明，不同的审慎监管指标对银行风险和效率的影响存在差别，部分审慎监管指标在降低银行风险的同时，也降低了银行效率，即审慎监管的目标在效率和风险之间存在一定的取舍。

关键词：商业银行　监管　有效性　实证研究

ABSTRACT

Bank is an important component of modern financial system and it plays important roles in prospering macro economy and improving social welfare. Steady and efficient banking system can gather maximum social capital and allocate it to the most active economic sectors so as to improve the quality and efficiency of economic growth. When bank risk is controllable. How to improve bank supervision and realize its efficient and steady operation has been studied by economics and supervision authorities for nearly one hundred years. Though bank supervision agencies of numerous countries aim to realize efficient and steady operation of banks, safeguard rights and interests of consumers and achieve benign operation of national economy and wish to realize above objectives by strengthening bank supervision, actual supervision effects are not satisfactory. In particular, supervision problems found in 2008 global financial crisis cause all walks of life to reflect current bank supervision system and policy. So, the empirical research on the effectiveness of bank supervision has important meaning to improve framework of supervision policy and realize steady and efficient operation of banks. On the basis of theoretical analysis, this paper built comprehensive cross-border banking industry's database and bank supervision database and conducted empirical test on effectiveness of bank supervision in three dimensions: competition, efficiency and risks as well as test on relationship of prudential supervision in China with bank efficiency and risks.

First of all, based on related data of global 128 countries from 1998 to 2010, this paper adopted Lerner index and Boone index to measure bank competition and conduct empirical research on the relationship between bank regulation and bank competition. The results show: during sampling period, the market power of global banking industry was under volatile rising trend in general, but it was declined obviously during the period of financial crisis occurring in 2008 and the degree of bank competition in developed countries was higher than that of developing countries. Capital supervision policy significantly improves the degree of bank competition; but operation restrictions, market supervision and governmental supervision power can enhance bank monopolistic force and weaken bank competition.

Secondly, based on micro data of 1024 banks of 121 countries from 2000 to 2010, this paper took DEA model to estimate bank efficiency and conducted empirical research on the relationship between bank supervision and bank efficiency. Our research shows: in countries with stricter capital requirement and stronger governmental supervision power, banking efficiency is higher, namely capital supervision and governmental supervision power is conducive to improve bank efficiency. In countries with stricter restrictions on operating activities of banks and stricter demands on disclosure of information of banks to market, banking efficiency is usually lower, as operating restrictions and market supervision significantly decline bank efficiency.

Next, based on panel data of cross-border banking industry from 2000 to 2010, this paper adopted Z value and non-performing loan rate to measure operating risks and credit risks of bank and we conducted empirical research on relation between bank supervision and bank risks. Meanwhile, we also further surveyed whether the relation will be changed under different political environment, legal level and governmental governance levels, namely whether the influence of the same bank supervision on bank risks under different institutional quality is heterogeneous or not. Our results show that restrictions on operating activities of banks will not only significantly reduce their operating risks and credit risks, but also be advantageous to drive stability of banks. However, risk restraint effects of operating restrictions depend on certain institutional level. When institutional level of one country exceeds certain threshold, operating restrictions will reduce risks of bank; otherwise, it will increase risks of banks. Institutional index of most sampling economies exceeds the threshold value and operating restrictions are conducive to reduce risks of banks in general. Uncertain influence of market supervision to risks of banks is advantageous to reduce credit risks of banks, but it will increase overall operating risks of banks. Influence of capital supervision and governmental supervision to banks' operating risks and credit risks is not significant, but capital supervision and institutional quality have obvious alternation effects in reduction of risks. Improvement of institutional quality is beneficial to enhance governmental supervision on risk restraint effects of bank credit. In general, the influence of bank supervision on bank risks is heterogeneous in economies under different institutional levels.

Finally, based on micro data of 18 commercial banks of China from

2007 to 2013, this paper adopted stochastic frontier production function and non-efficiency model's joint estimation method to conduct empirical analysis on the relationship between prudential supervision tool in China and cost efficiency and profit efficiency of banks. Meanwhile, we also used GMM model to study on the relationship between prudential supervision tools in China and cost efficiency and bank risks. Our research shows higher capital adequacy ratio will reduce cost efficiency and profit efficiency of banks while reducing credit risks of banks; and increasing provision coverage is conducive to reduce credit risks of banks, but it will significantly improve cost effectiveness of banks. The influence of lever ratio and loan provision rate to profit efficiency of banks is positive, but loan provision rate will increase risks of banks. Supervision of loan-to-deposit ratio cannot reduce credit risks or operating risks of banks, but to obviously increase cost efficiency and profit efficiency. The influence of liquidity ratio to bank risks and efficiency is not significant. All of these conclusions show that the influence of different prudential supervision tools to bank risks and efficiency is different. Some prudential supervision tools will lower banking efficiency while reducing risks of bank, and therefore the objective of prudential supervision is selected between efficiency and risks.

Keywords: Bank; Regulation and Supervision; Effectiveness; Empirical Study

第一章　绪论

第一节　研究背景及意义

金融是现代经济的核心。银行作为金融体系的重要组成部分，在繁荣宏观经济和改善社会福利方面发挥着至关重要的作用。一个良好运转的银行体系能够在风险可控的条件下，将社会资金最大限度地聚集起来，并配置到最有生产效率的部门或拥有最佳投资机会的个人，从而实现经济总量的扩张和质量的提升。而功能不善的银行体系只是将信贷资金简单地贷给那些关联企业或有权有势的人，剥夺了小企业和穷人获得信贷资金进而改善生存困境和实现梦想的机会，从而加剧社会不平等，甚至诱发社会动荡。另外，银行还具有信用创造、支付中介和金融服务等功能，是一个国家经济的命脉所在。

与此同时，高杠杆和期限错配等特征，内生地决定了银行业本身又是一个高风险行业，一家银行出现危机，很容易在整个银行业引起连锁反应，诱发全局性、系统性金融危机，从而产生巨大损失。2008 年金融危机爆发期间，大量的银行机构相继破产倒闭，部分发达国家的金融市场处于崩溃边缘，实体经济随即出现断崖式下滑，全球经济遭遇大萧条以来最严重的一次衰退。尽管距离金融危机爆发已经多年，但金融危机的阴霾至今尚未完全散去，世界经济增长之路充满艰辛。

鉴于银行功能的极端重要性、银行风险的易传染性和银行危机的巨大破坏性，如何完善银行监管、促进银行高效稳健经营，一直是近百年来经济学界和监管当局高度关注的一个重大课题。1988 年7 月，巴塞尔委员会通过了《巴塞尔协议Ⅰ》，规定银行必须根据自己的信用风险水平持有一定数量的资本，从而首次确立了全球银行业统一的资本监管框架，这是银行监管历史上重要的里程碑。随着银行竞争的加剧和银行创新的加快，新的风险管理技术迅速发展，《巴塞尔协议Ⅰ》逐渐不能适应时代要求，并在执行过程中遇到了越来越多的问题。因此，巴塞尔委员会于 2004 年 6 月发布《巴塞尔协议Ⅱ》，该协议首次提出以最低资本要求、监管当局监督检查和市场约束三大支柱为基础的综合监管框架。同时，在信用风险的基础上新增对市场风险和操作风险的资本要求，建立了全面的风险管理体系。

2009 年以来，针对本轮全球金融危机暴露出的监管问题和教训，巴塞尔委员会对现行银行监管的国际规则进行了重大改革，发布了一系列国际银行业监管新标准，并在 2010 年 12 月正式发布《巴塞尔协议Ⅲ》。该协议体现了宏观审慎和微观审慎有机结合的监管新思维，按照资本数量和质量同步提高、资本监管和流动性监管并重、资本充足率与杠杆率并行、长期影响与短期效应统筹兼顾的总体要求，确立了国际银行业监管的新标杆。除了有关协议和资本标准的工作外，巴塞尔委员会研究并形成了出版文件的其他监管问题包括对银行外汇头寸的监管、银行表外业务风险的管理和金融衍生品风险管理指南等。

作为金融稳定理事会和巴塞尔委员会的重要成员，中国银行监管机构积极参与这一轮的国际金融监管准则修订，在充分借鉴国际金融监管改革经验基础上，紧密结合国内银行业改革发展和监管实际，于 2011 年 5 月正式颁布《中国银行业实施新监管标准指导意见》，被业内称为"中国版《巴塞尔协议Ⅲ》"，由此确立了中国银行业实施新监管标准的政策框架。该监管政策框架按照宏观审慎监管与微观审慎监管有机结合、监管标准统一性和分类指导统筹兼顾的总体要求，在资本充足率、杠杆率、流动性和贷款损失准备等方面提出了具体的审慎监管指标要求，并根据不同机构情况设置差异化的过渡期安排。总体来看，无论是抵御预期损失的拨备、抵御非预期损失的资本，还是杠杆率监管标准，中国版监管标准的要求都要高于国际监管准则。

尽管世界上许多国家的监管机构都将促进银行稳健高效运营、有效竞争以及保护存款人利益等作为银行监管目标，并对通过不同监管工具或手段来实现这些银行监管目标抱有很大希望，但是学术界对银行监管的效果充满争议。"援助之手"认为监管机构作为社会公共利益代表，可以通过规范银行经营行为来克服市场失灵，促进银行稳健高效运营，增加社会福利。但"攫取之手"认为监管机构可能被监管对象俘获，即打着公共利益的旗帜为自己谋利，从而引发信贷腐败，增加银行风险和经营非效率。介于上述两种极端观点之间，"无能之手"认为即使监管机构有着良好动机，不存在任何损害监管效果的谋私行为，但专业技能贫乏、监管资源缺乏等因素交织在一起也会使监管效果大打折扣。特别是在金融创新层出不穷、金融衍生品越来越复杂的情况下，监管套利引发监管失效现象越来越普遍。

基于上述研究背景，本书选取"银行监管有效性的实证研究：

国际经验与中国案例"作为研究主题，在对银行监管的理论、运行机制及功效等问题进行全面梳理和分析的基础上，构建了较为全面的跨国银行业数据库和银行监管数据库，从竞争、效率和风险三个维度对银行监管的有效性进行了实证检验，并结合《巴塞尔协议Ⅲ》，对中国审慎监管工具的有效性进行了定性分析和实证检验，以期丰富和完善对银行监管有效性的评估研究，为中国商业银行审慎监管改革提供经验支撑，促进中国商业银行稳健高效运营。

第二节　研究范畴的界定

一　银行监管

监管一词源于英语中的 Regulation 和 Supervision，包含规制和监督两层含义。Regulation 是指制定一定的法律和规章框架，对经济参与主体的行为和市场秩序进行规范；Supervision 则强调监督检查，即政府部门不仅要通过法律法规的制定，还要通过监督（monitor）、检查（check）和管理（manage）来确保规则得到执行。银行监管实质上就是银行监督（Bank Supervision）和银行规制（Bank Regulation）两个名词的结合，它是指一个国家或地区的监管当局依据国家法规制度的授权对银行市场运行状况进行全面系统监测，以维护市场秩序和防范市场风险，同时对银行机构实施全面的、经常性的检查和督促，并以此促进银行稳健高效运营。广义的银行监管理论认为，银行监管的执行者不仅包括政府监管当局，还包括以行业工会等方式构成的被监管者之间的同业横向监管机构和进行社会舆论监督的社会各部门及公众，从而形成一个相互联系、相互补充、相互制约的大监管体系及良好的社会监管环境（刘光第，1997）。

本书采用广义的银行监管定义，将银行监管主体扩展为政府监

管机构、市场参与者及银行自身三方。即银行监管是这三方对银行
经营行为的监控、考察、评估及控制，以确保银行稳健高效运营。

二　有效银行监管

最早关于有效银行监管的论述是 Stigler 于 20 世纪 60 年代在最
优监管规则理论里面提出的。他认为，一个最优的监管状态既能维
护银行体系的稳定，又能保持效率，同时不扼杀竞争。巴塞尔委员
会在《有效银行监管核心原则》中将银行监管的目标明确界定为
"保持金融系统的稳定性和信心，以降低存款人和金融体系的风险，
银行监管还应努力建设一个有效的、充满竞争性的银行体系"。

基于上述定义，本书认为有效银行监管应该兼顾审慎和发展的
目标，既要促进银行稳健经营，同时又要提高银行运行效率，即促
进银行体系稳健有效竞争。因此，本书将着重从竞争、效率和风险
的视角来评估银行监管政策的效果。

第三节　研究内容和框架

第一章为绪论。绪论部分分析了"银行监管有效性的实证研究：
国际经验与中国案例"这一选题的研究背景及意义，阐述了本书的
研究框架和主要内容，同时指出了本书的创新之处。

第二章为银行监管的经济学分析。本章对银行监管的相关理论
进行了系统的梳理和归纳，主要包括金融脆弱论、公共利益论、监
管俘获论和宏观审慎监管论，同时还对银行监管的运行机理和银行
监管的定量测度等问题进行了分析和说明。

第三章为银行监管背景下银行竞争行为的实证研究。本章从银
行竞争的视角实证检验了银行监管的政策效果。首先，在对银行竞

争的经济效应和银行竞争的影响因素等国内外相关文献进行梳理的基础上，提出了本章研究的主题。其次，从结构法和非结构法视角对银行竞争模型进行了比较分析，以此确立了本书中银行竞争的定义和测度方法。再次，利用1998～2010年全球128个国家或地区的面板数据对银行监管背景下的银行竞争行为进行了全面系统的实证研究。最后，总结了实证分析结果。

第四章为银行监管背景下银行效率影响因素的实证研究。本章从银行效率的视角检验了银行监管的政策效果。首先，在对银行效率影响因素、银行监管对银行效率影响机制以及银行效率模型等相关研究梳理和分析的基础上，利用DEA模型测算了2000～2010年121个国家或地区的1024家银行效率，并进行了相关统计分析。其次，利用Tobit模型实证分析了银行监管背景下银行效率的影响因素，并进行了稳健性检验。最后，对本章的实证结果进行了总结分析。

第五章为银行监管、制度环境与银行风险的实证研究。本章从银行风险的视角检验了银行监管的政策效果。在全面回顾银行监管与银行风险关系的相关研究基础上，构建跨国银行业数据库，利用系统GMM模型实证分析了银行监管与银行风险的关系。同时，本章还引入银行监管与制度质量的交互项，检验银行监管对银行风险的影响是否在不同制度水平的国家中表现出异质性。

第六章为中国审慎监管与银行效率和风险的实证研究。本章在对《巴塞尔协议Ⅲ》和"中国版《巴塞尔协议Ⅲ》"进行定性分析的基础上，利用中国商业银行的平衡面板数据，使用随机前沿边界联合模型和系统GMM模型，对中国审慎监管对银行效率和风险的影响进行了实证检验，对充分评估中国银行监管有效性进行了初步探索。

第七章为结论与展望。本章对全书研究结论进行了总结归纳，在此基础上提出了针对性的政策建议，并对未来的研究方向进行了展望。

第四节 主要创新点

相对于现有研究而言，本书的创新点主要体现在如下几个方面。

一是以往关于银行监管有效性的研究，主要是从《巴塞尔协议》中最低资本要求的角度出发，研究资本监管对银行风险和资产配置行为以及宏观经济的影响。而本书结合国际银行业监管准则，将银行监管扩展到银行经营限制政策和《巴塞尔协议》的三大监管支柱，运用经营限制、资本监管要求、政府监管权力和市场监督四个维度来反映银行监管，并从银行竞争度、银行效率和银行风险等方面来实证分析银行监管政策的效果。同时，目前国内外对于银行监管有效性的研究大都采用定性分析法、对比分析法和情景模拟法，而基于全球的视角，利用跨国的银行监管调查数据和银行微观数据来系统检验银行监管有效性的实证研究还十分有限。因此，本书从银行监管政策对银行影响这一相对新颖的视角研究银行监管有效性问题，一方面可以丰富该领域的研究成果，另一方面也可以为监管机构完善监管框架提供政策参考。

二是本书在对银行监管运作机制和功效进行系统分析的基础上，综合采用多种模型测度了银行竞争度、银行效率和银行风险等变量，多方法、多角度实证分析了银行监管对银行竞争度、银行效率和银行风险的影响，研究内容更加系统和全面。同时，本书使用了较为全面的跨国数据，相较于单个国家的研究或覆盖一些地区的跨国研究（中亚、欧洲），样本数据丰富，研究结果更有代表性。

　　三是在研究银行监管对银行风险的影响时，本书不仅从经营限制、资本监管、政府监管权力和市场监督四个维度实证考察了各国银行监管对银行风险的影响，还从异质性的视角研究了银行监管对银行风险的影响是否在不同制度环境下表现出差别，以期较为系统地评估银行监管政策降低银行风险、促进银行稳健经营的效果。

　　四是本书在对《巴塞尔协议Ⅲ》及其在中国的实践等问题进行定性分析的基础上，采用随机前沿生产模型和系统 GMM 估计模型对审慎监管工具与银行效率和风险之间的关系进行了系统的研究，对评估中国审慎监管工具有效性进行了初步探索。

第二章　银行监管的经济学分析

第一节　银行监管的理论基础

一　金融脆弱论

Minsky（1982）提出的金融体系脆弱性假说（Financial Fragility Hypothesis）认为，银行体系的内在脆弱性源于银行业高杠杆、期限错配和风险易传染的行业特征。银行自有资本金一般不到10%，其资金来源严重依赖吸收存款，高负债经营特征明显。Macey 和 O'Hara（2003）认为，这种高杠杆的资本结构使银行股东产生投资高风险活动的过度冒险倾向。同时，银行以借短放长的期限变换为杠杆，易受利率、流动性、宏观环境等因素影响，从而产生风险。此外，银行之间业务往来频繁，关联度较强，单家银行的偿付危机有可能传染至另一家银行甚至整个金融系统（Aghion et al.，1999）。Diamond 和 Dybvig（1983）利用银行挤兑模型对银行脆弱性和风险的传染性进行了系统分析。

该模型论证了存款人若预期在第 1 期取款的人能够增加到一定限度，银行持有的现金将无法满足兑付需要。因为即使银行将所有的非流动性资产全部变现，其最大清偿力仍显著小于存款人取款需求。因此，考虑到银行在第 2 期的偿债能力为 0，存款人最优的选择就是在第 1 期提前取款。由于该博弈是对称的，当所有原本在第 2 期取款的人都认为别人会提前取款，最优选择必然是都在第 1 期取款，从而形成银行挤兑。因此，基于银行体系脆弱性，对银行进行监管，特别是存款保险监管有利于在金融恐慌事件中降低银行挤兑风险，具有很大的必要性。

二　公共利益论

公共利益理论源于庇古（Pigou，1938）的福利经济学，由于外部性、信息不对称以及缺乏竞争，市场会出现失灵。政府作为公共利益的代表能够利用税收、补贴、法律、激励来克服这些导致市场失灵的障碍，因而监管普遍存在。具体到银行业来说，信息不对称和负外部性等金融市场失灵，使金融资源的配置不能实现帕累托最优。因此，公共利益论基于银行的市场失灵，提出应该加强银行监管（Stiglitz and Weiss，1981；Varian，1996）。

在现实金融运行中，存在存款人与银行、银行与贷款客户以及监管者与银行之间的信息不对称现象。Stigler（1971）指出，在信息不对称环境下，银行机构往往处于相对劣势地位，面临逆向选择和道德风险问题。Arun 和 Turner（2004）认为信息不对称使银行经营人员具有充分的动机和机会从事高风险投资活动，这将侵害股东和债权人的利益。同时，银行大股东和内部经营者之间可能形成勾结契约，通过超额分配、自我交易、关联交易等手段转移银行的资金或利润，而将损失最大限度地转嫁给存款人（成洁，2013）。因此，政府的外部监管能够逐步提高信息的完备程度，促进银行稳健经营，如可通过加强信息披露来改善信息不对称从而强化市场纪律（Flannery et al. , 2004）。

银行作为经营信用的特殊企业，牵涉的利益相关者众多，一旦银行经营失败，破产带来的社会成本明显高于银行自身的成本（Kareken and Wallace，1978）。特别是这种负外部性会通过挤兑效应不断放大，进而造成整个银行业的"多米诺骨牌效应"，引发金融危机、经济危机甚至社会动荡。此外，银行机构的自然垄断特性造成价格歧视、寻租等不良现象，降低银行业服务质量和有效产出，造成社会福利损失。因此，在市场无法解决负外部性和竞争不足问题的情况下，借助银行监管等非市场化的方式就显得尤为必要。

三 监管俘获论

公共利益论假说有一个重要的前提条件是，当存在市场失灵时，政府监管者有动力和能力去克服市场失灵。但事实上监管者是否真正做了其应该做的这一问题引来人们的质疑，在此基础上产生了一种新的监管理论——监管俘获论。Stigler（1971）、Posner（1974）和Peltzman（1976）等认为随着时间的推移，监管机构会越来越迁就被监管者的利益而不是保护公共的利益。应用到银行业中，政府监管银行的目的是方便政府支出融资，使政治上有吸引力的项目得到信贷支持，更一般的情况是通过监管使政治家的福利和影响达到最大，而为公共利益服务只是一个冠冕堂皇的理由。在监管机构的帮助下，银行家会给政府支出适当融资或者讨好政府官员（Barth et al. , 2005；黄毅等，2008）。Krozner 和 Strahan（1999）发现在美国那些小银行实力较强的州，取消开设分行限制所用的时间较长，证实了小银行利用它们的地位和政治影响力谋求符合它们利益的监管环境。因此，监管俘获论是针对公共利益论强调的市场失灵而提出的监管失灵。

除了监管者的道德外，监管者能力也是监管失灵的一个不可忽略的重要因素。这是因为政府也不具备无所不在并准确无误的天赋，在监管银行的过程中，也存在信息不完备和信息不对称问题，而且可能更加严重（Mckinnon，1973）。Goodhart（1995）认为银行监管机构事先确定资本的具体权重并制定具体模型的做法导致监管规则越来越复杂并无效。Berger et al.（2000）认为美国监管方面的信息在现场检查后不久就会失效，依靠现场监控的监管体制风险很大。Estrella（2001）也认为监管规则和计算模型过于复杂往往很难适应现实情况。Kashyap（2009）认为任何监管政策都不可能完全防范金融危机，严格的政府监管反而会阻碍金融市场的有效运行。成洁（2013）认为政府监管机构本身也存有多重委托代理关系，它们很有可能造成监管目标的偏差，从而制约监管作用的发挥。

四 宏观审慎监管论

2008 年全球金融危机爆发以后，宏观审慎监管作为一种全新的金融监管理念，引起了各国监管机构的高度重视。以《巴塞尔协议》为代表的监管主要是防范单个金融机构的风险，认为只要单个金融机构是稳健的，则整个金融体系就是稳定的（Crockett，2000）。但宏观审慎监管认为如果单个金融机构审慎理性的行为成为金融机构的一致行动，并不一定会导致金融系统整体稳健。特别是在混业经营模式下，金融机构为分散风险兼营不同地域、行业或类型的业务，同质化经营带来的高度相关的风险敞口会导致系统性风险（Haldane and Alessandri，2009）。Shin（2011）认为，过度关注损失吸收能力的微观审慎监管不仅不能解决繁荣时期的资产过度膨胀问题，而且会忽略资产负债表的负债方和对短期融资过度依赖的脆弱性。巴曙松等（2010）认为微观审慎监管对顺周期问题无能为力，对系统性风险监管缺失，对流动性风险监管不力，因此，有必要加强宏观审慎监管。

宏观审慎监管是管理和防范金融系统性风险的自上而下的金融监管政策框架。从各国监管实践来看，宏观审慎监管政策主要包括两个维度：一是时间维度，主要是通过逆周期监管来缓解金融体系的顺周期特征，具有代表性的政策工具有逆周期资本缓冲、动态损失拨备、贷款价值比（LTV）、杠杆率和最低保证金制度等；二是跨部门维度，主要是通过对系统重要性机构的监管来弱化金融体系内部的关联性，进而减少系统性风险的发生，有代表性的政策工具包括系统性资本附加要求、风险隔离措施以及恢复与处置计划等（Borio，2003；廖岷等，2014）。

第二节　银行监管运行机理及功效分析

尽管在理论上银行监管是否必要这一问题仍然存在很大争议，但是各个国家都成立了相应的监管机构，从准入、经营和退出等整个过程对银行进行了多方面的监管，较为典型的监管方式主要包括资本充足率监管、鼓励信息披露的市场监督以及对经营活动范围和市场准入等方面的经营管制。本节将对资本监管、市场约束和经营管制的运行机理以及功效进行理论梳理和分析。

一　资本监管

资本监管是指监管当局制定银行机构需持有的最低资本水平，为检查银行机构资本是否符合规定而进行的审查活动以及处理行为等一系列规定和监管审查行为的总称（徐明东，2008）。由于资本监管能够直接影响银行承担的风险，并推动银行建立对非预期损失的缓冲机制，资本监管也就成为各国监管机构干预银行的主要手段。

在实践中，随着银行业务拓展和风险偏好增强，银行资本监管的内容也不断扩充，从单个银行的资产方扩展到资产负债表的所有要素，从单个银行的稳健性监管扩展到整个金融体系的监管和预警，从部分机构和业务品种监管扩展到覆盖所有系统重要性机构、产品和市场。下面，我们就资本监管对银行风险的影响做一个理论分析。

假设银行决策主要受股东、经理人和监管机构三种力量影响，其效用函数可以表示为：

$$\max U_a(a) = \alpha V(a) + \beta E\big[B(a)\big] - \gamma R(a) \tag{2.1}$$

式（2.1）中，α、β 和 γ 分别是股东权益、经理人收益和监管力量的权重，$V(a)$、$B(a)$ 和 $R(a)$ 则分别是股东权益最大化、经理人收益最大化和监管力量最小化时的银行破产成本。不同的公司治理激励对应不同的权重，监管力量的权重 γ 则与资本水平相关，这是因为低资本水平可能意味着高破产风险，资本水平低的银行可能受到更加严格的监管，γ 就会很大。上述最优化问题的一阶条件为：

$$U_a = \alpha V_a + \beta E(B)_a - \gamma R_a = 0 \tag{2.2}$$

假设股东权益的权重起到主导作用，经理人收益和监管力量的权重充分小，当 $V_{aK} > 0$ 时，银行最优风险水平随着资本水平增加而增加，当 $V_{aK} < 0$ 时，银行最优风险水平随资本水平增加而减少；假设经理人收益的权重起到主导作用，股东权益和监管力量的权重充分小，当 $E(B)_{aK} > 0$ 时，银行最优风险水平随着资本水平增加而增加，当 $E(B)_{aK} < 0$ 时，银行最优风险水平随资本水平增加而减少。当监管力量发挥主导作用时，两者也出现类似关系。这说明在不同的治理参数下，资本要求对银行风险的影响可正可负。Keeley 和 Furlong（1999）基于状态偏好模型和期权定价模型，发现资本监管提高了股东的出资额度，当银行发生违约时，股东的损失会相应增

加，这就减少了银行从事高风险投资活动的动机。两个结论的差别就在于银行效用函数假说不同，后者假定银行效用是风险厌恶型的，而前者则认为银行效用是风险偏好型的。因此，资本监管的作用是不确定的，取决于一定的条件。

考虑到不同银行的资产规模和质量存在差别，银行最优资本持有水平应该不同，如果监管当局对银行资本的最低要求超过了银行最优水平，那么这个资本约束就可能会给银行带来效率损失。事实上，资本本身就存在较高的机会成本和持有成本，提高资本要求就会引起审慎经营和发展目标的冲突（Gorton and Winton，2014）。但是，银行资本越充足，就越能让存款人和债权人"放心"，进而就越容易以较低的融资成本获得资金，这将提高银行运营效率。王学龙（2007）借鉴 Hellmann et al.（2000）提出的银行特许价值的资本监管比较静态博弈模型，认为加强资本监管可以实现银行稳定和效率改善的和谐统一。

二　市场约束

市场约束是指银行债权人或市场参与者，借助银行的信息披露和相关信用评级机构，对银行活动进行自觉监督和约束，通过把管理落后或不稳健的银行逐出市场等手段来迫使银行稳健高效经营的过程。与监管机构的现场监督检查不同，市场约束更侧重于市场机制对银行行为的制约。例如，如果市场的利益相关者判断一家银行的经营风险相对较高，存款人和债券持有人就相应地要求更高的利息作为风险补偿；风险较高银行的交易对手也会要求较高的风险价差、额外的抵押物等；股东可以通过用脚投票或用手投票方式召开股东大会，向董事会施加压力并迫使银行采取审慎经营行为。因此，市场约束本质上是一种以市场为基础的激励与约束机制，市场参与者（委托人）通过风险溢价和用脚投票的方式（如存款金额、债券持有量、股票持有量等）来惩罚银行（代理人）承担更高风险的行为（Nier and Baumann，2006），实现委托代理的激励相容，促使银行与利益相关者利益一致，市场约束与政府监管一起构成银行外部治理机制（成洁，2013）。

在这里，我们构建一个理论模型来描述存款人约束的运行机理，进而用以说明市场约束的一般原理。假设银行资产为单位 1，由 d 单位的存款和 $1-d$ 单位的自有资本构成，银行存款利率为 γ_d，银行在期末存在投资失败和投资成功两种状况，概率分别为 p 和 $1-p$，则银行存款人期望收益率为：

$$R = \gamma_d(1-p) + \frac{1}{d}\varphi p \qquad (2.3)$$

式（2.3）中，φ 为存款人在银行破产情况下获得的存款保险。

一般地，资产套利行为会驱使存款人期望收益率与安全资产收益率 γ 相等，即：

$$\gamma_d(1-p) + \frac{1}{d}\varphi p = \gamma \qquad (2.4)$$

进而可得：

$$\begin{cases} \gamma_d = \dfrac{\gamma}{1-p} - \dfrac{\varphi p}{d(1-p)} \\ d = \dfrac{\varphi p}{\gamma - (1-p)\gamma_d} \end{cases} \qquad (2.5)$$

将式（2.5）都对投资失败概率 p 进行求导，可知：

$$\begin{cases} \dfrac{\partial \gamma_d}{\partial p} = \dfrac{\gamma d - \varphi}{(1-p)^2 d} \\ \dfrac{\partial d}{\partial p} = \dfrac{(\gamma - \gamma_d)\varphi}{(\gamma + p\gamma_d - \gamma_d)^2} \end{cases} \qquad (2.6)$$

由于存款人在银行破产情况下的收益不可能高于银行正常经营时的收益，即 $\varphi < \gamma d$，那么 $\dfrac{\partial \gamma_d}{\partial p} > 0$，存款人对利率的要求会随着破产风险的增加而增加。同时，在正常情况下，存款收益率要高于安全资产收益率，即 $\gamma_d > \gamma$，那么 $\dfrac{\partial d}{\partial p} < 0$，存款人的存款数量会随着银行破产风险的增加而减少。上述理论模型说明，市场参与者可以通过数量约束和价格约束对银行的风险行为形成制约。

市场约束运行机理见图2.1。

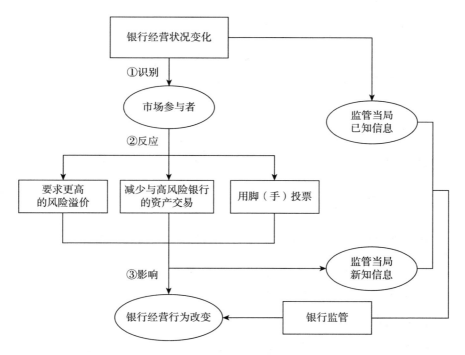

图2.1　市场约束运行机理

由图2.1可知，市场约束主要包括识别、反应和影响三个阶段，但每一个阶段是否能够有效运行取决于一系列条件。《有效银行监管核心原则》将影响市场约束有效性的先决条件归纳为三个：一是市场参与者是否能够得到准确且充分的信息；二是市场参与者是否能对这些信息做出正确评价；三是市场参与者的行为选择是否能够对银行经营产生影响。Barth et al.（2001）和 Hosono et al.（2004）认为规范的会计及外部审计制度、完善的信息披露与信用评级制度、发达的金融市场和银行良好的公司治理有利于提高市场约束的有效性。同时，从图 2.1 中我们可以看出，监管当局可以借助市场力量来增强信息获取能力，及早发现银行风险问题，降低监管行动的滞后性，提高监管效率。

综上所述，市场约束可以通过市场主体的行为选择来影响银行的资金数量和价格，进而促进银行审慎经营。同时，市场约束还可以通过缓解银行委托代理问题来改善银行经营效率，即市场约束的公司治理效应（Berger，1991）。这是因为市场约束将一切经营信息都暴露于阳光之下，外部竞争压力和经理人市场的竞争等因素使代理人对委托人利益的损害消失在萌芽中，从而减少了经营不善带来的银行低效。

三　经营管制

银行作为金融中介，理论上不仅可以从事传统的存贷款业务，也可以从事诸如证券、基金和保险等其他非银行业务，即混业经营。但是在实际运行中，监管机构一般会对银行的经营业务进行限制，有些国家的监管当局禁止银行从事任何证券、保险和基金等相关的非银行业务，对银行实行严格的分业经营。这是因为银行从事多元化业务可能会引起利益冲突，例如银行可能会通过抛售证券或向信息不充分的投资者转嫁风险来帮助贷款客户（Barth et al.，2005）。同时，允许银行从事更广泛的金融业务可能会导致银行成为一个极为庞大并且复杂的机构，从而增加监管难度，并容易出现"大而不倒"的问题（Laeven and Levine，2007）。因此，公共利益论认为，政府可以通过对银行经营活动的限制来促进银行稳定和保护存款人利益。

但是，也有一些理论认为限制银行经营活动会降低银行效率。Laeven 和 Levine（2007）认为银行监管对于银行拥有非金融企业及参与证券市场、保险业以及房地产等经营活动的限制，会使银行不能够充分利用规模经济和范围经济来降低信息搜集成本、增加声誉资本以及为客户提供一系列广泛的金融服务。同时，银行经营限制会使银行不能通过业务多样化来提高收益、降低风险，进而削弱了银行特许权价值。此外，私人利益假说认为，对银行经营活动的限制会给监管者创造寻租机会，从而不利于银行效率提高。

除了对银行经营范围进行管制，市场准入管制也通常成为各国监管机构对银行进行经营管制的主要手段。银行准入管制主要是指对银行机构的设立所采取的限制条件，监管对象不仅包括新设银行，还包括国内已有银行的分支机构设立以及外资银行在国内分支机构的设立。根据公共利益论的观点，监管机构对银行准入限制不仅可以防范那些"无赖"银行家进入，保护存款人利益，还可以通过限制银行数量防止银行在贷款利率上出现过度竞争，维护银行市场稳定（Hellmann et al.，2000，2002；Barth et al.，2005）。此外，特许权价值假说认为，准入限制能够通过增加银行特许权价值来促进审慎经营，因为未来高额的利润会减少银行冒险的动机（Keeley，1990）。但是，对银行准入限制的监管也会产生一些负面效应。例如，较为严格的准入限制会导致银行缺乏竞争，竞争不足将增加银行风险和非效率水平，降低信贷可得性和社会福利水平（Beck et al.，2004；Weill，2004；Jimenez et al.，2013）。

第三节　银行监管的测度

一个能够较为全面地定量反映各国银行监管差异程度的数据库是实证分析银行监管有效性的前提条件。世界银行根据《巴塞尔协议》中的《有效银行监管核心原则》，设计了一份面向各国官方监管机构、包含250多个调查问题的调查问卷，这些问题涉及一系列关于银行监管的重要信息，包括银行准入、银行所有制、资本要求、经营范围、外部审计要求、内部治理机制、流动性、资产多样化、拨备要求、会计信息披露以及监管权力等。世界银行根据各国官方监管机构对这些问题的定性和定量反馈结果，建立了一个包含各国银行监管重要信息的银行监管数据库（Bank Regulation and Supervision）。由于调查问卷中的大部分问题都以是或否来回答，这就为定量刻画银行监管创造了条件。借鉴 Fernández et al.（2010）、Agoraki et al.（2011）、Kim et al.（2013）、Li 和 Song（2013）、Hoque et al.（2015）等的做法，我们分别从银行经营限制、资本监管、市场监督和政府监管权力四个维度构建相应的指数来对银行监管进行定量测算，详细的指标设计见表 2.1、表 2.2、表 2.3、表 2.4。

表 2.1　经营限制指数

问题	量化
1. 银行参与证券承销、经纪、交易以及共同基金的业务资格	不限制 = 1，允许 = 2，限制 = 3，禁止 = 4
2. 银行参与保险承销及代销的程度	不限制 = 1，允许 = 2，限制 = 3，禁止 = 4
3. 银行参与房地产投资、开发以及管理的程度	不限制 = 1，允许 = 2，限制 = 3，禁止 = 4

续表

问题	量化
4. 银行拥有和控制非金融企业的程度	银行可以持有非金融企业100%的股权=1, 银行可以持有非金融企业100%股权,但不能超过银行股本总额=2, 银行持有的非金融企业股份必须低于100%=3, 不允许银行对非金融企业进行任何股权投资=4
经营限制指数	问题1~4量化得分相加,数值越大说明银行经营限制越严

表 2.2 资本监管指数

问题	量化
1. 计算资本充足率所用的风险权重与《巴塞尔协议》是否一致	是=1,否=0
2. 最低资本充足率是否会根据银行信用风险水平变化而变化	是=1,否=0
3. 最低资本充足率是否会根据市场风险水平变化而变化	是=1,否=0
4. 在计算最低资本充足率前,未实现的贷款损失是否从资本的账面中扣除	是=1,否=0
5. 在计算最低资本充足率前,未实现的证券投资组合损失是否从资本的账面中扣除	是=1,否=0
6. 在计算最低资本充足率前,未实现的外汇损失是否从资本的账面中扣除	是=1,否=0
7. 监管部门是否需要对用作资本金的资金来源进行核实	是=1,否=0
8. 初始资本及后续的资本注入是否可以用现金和政府证券以外的其他资产形式	是=0,否=1
9. 初始资本是否可以用借入的资金	是=0,否=1
资本监管指数	问题1~9量化得分相加,数值越大,资本监管越严

表 2.3   市场监督指数

问题	量化
1. 次级债是否可以计入资本	是 = 1，否 = 0
2. 是否要求金融机构合并财务报表，包括合并所有银行及非银行子公司	是 = 1，否 = 0
3. 表外项目必须向公众披露吗	是 = 1，否 = 0
4. 银行必须向公众披露其风险管理程序吗	是 = 1，否 = 0
5. 银行董事是否依法对错误的信息披露和误导承担责任	是 = 1，否 = 0
6. 银行监管规定中是否要求商业银行进行信用评级	是 = 1，否 = 0
7. 银行是否必须进行外部审计	是 = 1，否 = 0
8. 贷款转为不良贷款后，应收未收的本息是否记入损益表	是 = 0，否 = 1
9. 是否有完备的存款保险机制	是 = 1，否 = 0
市场监督指数	问题 1~9 量化得分相加，数值越大，市场监督越强

表 2.4   政府监管权力指数

问题	量化
1. 监管当局是否有权不经银行许可直接会见外部审计师，就其审计报告进行询问	是 = 1，否 = 0
2. 如果银行高管涉嫌欺诈或滥用职权等违法行为，监管当局是否有权直接质询审计机构	是 = 1，否 = 0
3. 监管当局是否有权起诉失职的外部审计机构和人员	是 = 1，否 = 0
4. 监管当局是否有权要求银行更改其内部组织结构	是 = 1，否 = 0
5. 表外项目是否需要向监管机构披露	是 = 1，否 = 0
6. 监管当局是否可以要求银行管理层预缴备付金用以弥补存款支付	是 = 1，否 = 0
7. 监管当局是否可以终止董事会分配股息的决议	是 = 1，否 = 0
8. 监管当局是否可以终止董事会分配红利的决议	是 = 1，否 = 0
9. 监管当局是否可以终止董事会分配管理费用的决议	是 = 1，否 = 0

续表

问题	量化
10. 监管机构或其他政府部门（法院除外）是否有权依法宣告银行破产	是 = 1，否 = 0
11. 监管机构或其他政府部门（法院除外）是否有权干预有问题的银行，即暂停部分或全部所有者权益	是 = 1，否 = 0
12. 对于银行重组，监管机构或其他政府部门（法院除外）是否有权暂停股东权利	是 = 1，否 = 0
13. 对于银行重组，监管机构或其他政府部门（法院除外）是否有权撤换管理层	是 = 1，否 = 0
14. 对于银行重组，监管机构或其他政府部门（法院除外）是否有权撤换董事	是 = 1，否 = 0
政府监管权力	问题 1 ~ 14 量化得分相加，数值越大，政府监管权力越大

　　经过四轮大规模调查，世界银行银行监管数据库目前共有四版调查数据，分别是：1999 年完成的面向 119 个国家或地区的第一版调查数据（Version Ⅰ），大部分数据信息对应 1999 年，部分数据采取 1998 年和 2000 年的信息；2003 年完成的面向 152 个国家或地区的第二版调查数据（Version Ⅱ）；2006 年完成的面向 142 个国家或地区的第三版调查数据（Version Ⅲ），数据主要采用 2005 ~ 2006 年的信息；2010 年完成的第四版调查数据（Version Ⅳ），该项调查主要是调查金融危机发生后各国银行监管变化情况，大部分数据采取 2008 ~ 2010 年的信息。

　　图 2.2 是根据第Ⅰ版和第Ⅳ版银行监管调查数据总结的各国监管机构对银行拥有非金融企业及参与证券市场、保险业以及房地产等经营活动限制情况的比较。从中可以发现，对银行从事房地产或保险业务限制和禁止的国家或地区数量有所下降，而对银行从事证券或拥有非金融企业限制和禁止的国家或地区数量有所上升。图 2.3、图 2.4、图 2.5 反映了《巴塞尔协议》三大支柱——资本监

管、政府监管权力和市场监督在两次调查期间的变化。从中我们可
以看出，在样本期间，大多数国家或地区的资本监管指数和政府监
管权力指数都得到了提高，而市场监督指数增加和减少的国家或地
区数量大体相等，市场监督指数并没有得到显著的提高。

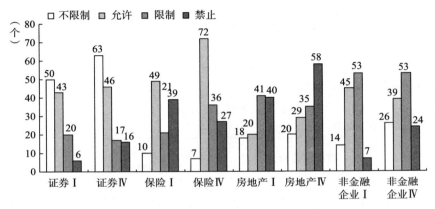

图 2.2　经营限制比较：I 与 IV 版

注："禁止"和"限制"分别表示禁止和限制银行从事某业务或拥有非金
融企业的国家或地区数量，通过比较两次调查柱形长度变化，可以看出银行经
营限制的变化。

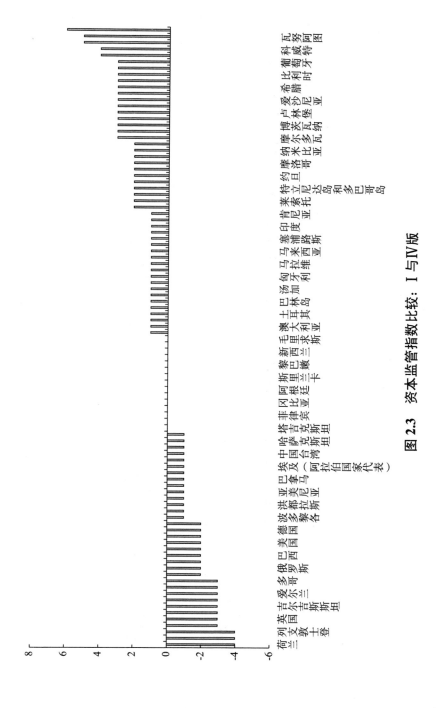

图 2.3　资本监管指数比较：Ⅰ与Ⅳ版

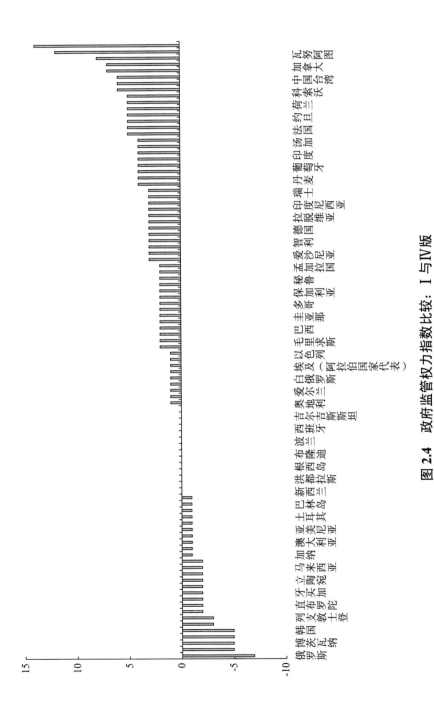

图 2.4 政府监管权力指数比较：Ⅰ 与Ⅳ版

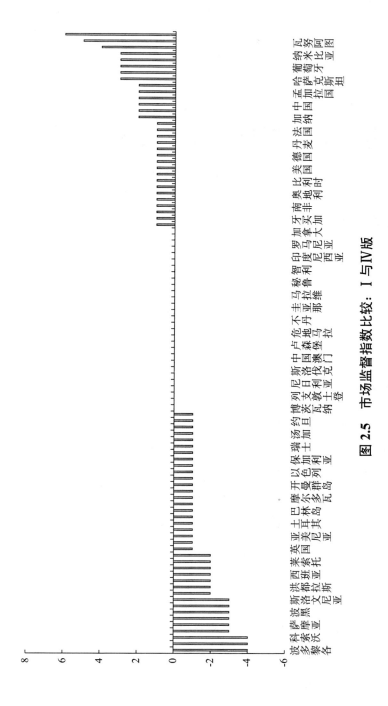

图 2.5 市场监督指数比较：Ⅰ 与Ⅳ版

第三章　银行监管背景下银行竞争
行为的实证研究

第一节　研究基础

银行作为重要的金融中介，在配置资本和促进经济发展方面扮演着十分关键的角色。因此，银行竞争所引发的一系列经济效应也成为学界关注的热点。具体来说，学者们研究发现，激烈的银行竞争有利于提高企业和家庭部门的信贷可得性（Beck et al.，2004）；有利于提高银行经营管理效率（Weill，2004）；有利于降低金融产品价格，改善金融产品质量，进而增加银行的金融功能（Berger and Hannan，1989；Claessens and Laeven，2005）；有利于促进区域经济增长（Allen and Gale，2004）；有利于增强货币政策银行信贷渠道传导的效果（Fungacova et al.，2014；Leroy，2014）。另外，银行竞争对银行风险也会产生显著的影响，但学界对此的研究结论存在较大分歧。传统的"竞争－脆弱性"观点认为，竞争的加剧会削弱银行定价的市场力量，进而削减银行的特许权价值，促使银行为了追求高利润率而采取具有更高风险的经营方式（Keeley，1990；Turk-Ariss，

2010；Jimenez et al.，2013）。而"竞争－稳定"观点认为竞争是能够约束银行的市场力量，防止银行贷款定价过高引发的逆向选择问题，从而降低银行风险（Boyd and Nicolo，2005；Schaeck et al.，2009；Soedarmono et al.，2013）。也有一些学者认为银行竞争对银行风险产生非线性的 U 形效应，适度的银行竞争有利于降低银行倒闭风险，而激烈的银行竞争会提高银行倒闭风险（Miera and Repullo，2010；Kristo and Gruda，2010）。总体来看，竞争在提高银行信用中介效率、促进经济增长和增进全社会福利水平等方面具有一定的积极影响。

一般认为，发展中国家金融体系相对落后，金融生态环境不甚理想，金融行业存在较严重的政府干预。这就使发展中国家的银行业普遍存在较大的垄断势力，银行部门缺乏激烈的竞争。20 世纪 80年代开始，很多发展中国家掀起了一波又一波的金融市场化改革浪潮，旨在通过消除金融管制、放开市场准入和金融产品服务价格管制、吸进外资银行进入等方式来实行本国银行体系的高效竞争（Abiad et al.，2010）。Delis（2012）基于 1987～2005 年 85 个国家的银行业数据，利用 Abiad et al.（2010）构建的金融市场化指数，实证发现金融市场化对银行竞争的促进效应在发达国家显著，而在制度落后的发展中国家不显著。那么，一个国家的银行竞争度高低到底由哪些因素决定？Claessens 和 Laeven（2004）基于可竞争理论，从银行市场结构、可竞争性、金融结构和制度等方面首次较为系统地研究了国家间银行竞争度存在差距的原因。他们利用 1995～2004年 76 个国家的数据发现，银行集中度对银行竞争度的影响不显著，而可竞争性的机制，诸如较为宽松的市场准入和业务管制，显著地提高了银行竞争度。因此，可竞争性的机制在促进银行竞争中发挥关键性作用。

近年来，随着各国加大银行业对外开放力度，外资银行涌入对东道国银行竞争的影响越来越显著。一种观点认为，外资银行凭借其资金、管理和技术等方面优势，能够对东道国银行业产生牵引效应和示范效应，从而促进东道国的银行竞争（Claessens et al.，2001；Yildirim and Philippatos，2007；Poghosyan and Poghosyan，2010）。Jeon et al.（2011）基于1997~2008年亚洲和拉丁美洲17个国家银行的数据进一步发现，效率较高和风险较低的外资银行对东道国银行竞争的促进效应更加明显，并且外资银行的竞争促进效应在银行市场集中度较低的东道国更大。Mulyaningsih et al.（2015）基于1980~2010年印度尼西亚银行业数据发现，外资银行由于规模普遍较小、运营成本较低和经营效率较高，能够以较低的利率提供数量较多的贷款，竞争度要显著高于本地银行。因此，新创外资银行对于促进本地银行竞争具有重要的意义。但是也有一些研究认为外资银行进入对东道国银行竞争具有不确定性甚至抑制作用。Barajas et al.（2000）基于哥伦比亚银行业数据发现，外资银行会挑选高质量和低风险的借款人，而将高风险的客户留给本国银行，这种市场分割会阻碍银行间竞争。Moguillansky et al.（2004）发现外资银行进入削弱了墨西哥本国银行竞争，主要是因为外资银行一般都是通过合资兼并当地银行的方式进入以谋求垄断租金。Yeyati和Micco（2007）采用PR模型对8个拉美国家的研究发现，外资银行凭借其特定的产品优势，获得了垄断地位和垄断利润，其大规模的渗透抑制了本国银行业的竞争。

此外，金融危机也会对银行竞争或银行市场势力产生影响。一方面，在金融危机期间，大量问题银行或倒闭破产，或被兼并重组，市场上银行数量急剧下降，而那些幸存的银行能够凭借健康的资产负债表抓住机会扩大市场份额，降低成本，提高市场势力（Laeven and Valencia, 2012）。另一方面，金融危机也可能削弱银行的市场势力，主要是因为金融危机的教训会促使银行降低高风险和高收益的资产配置，提高安全性高但收益低的资产的比例（Detragiache et al., 2000），而这会降低银行收益，进而降低银行市场势力。Cubillas 和 Suárez（2013）利用集中度和 Lerner 指数代理银行竞争指标，基于 1989 ~ 2007 年 64 个国家 66 个银行危机事件的研究发现，系统性的银行危机会增加银行集中度和银行市场势力，并且危机越严重，银行市场势力增加越多。因此，银行危机削弱了银行竞争。

就国内目前关于银行竞争的研究而言，主要集中在三个方面。一是银行竞争的测度问题。李国栋和陈辉发（2012）、李国栋（2015）基于商业银行微观的面板数据，分别利用 H 统计量和 Boone 指数对我国银行业竞争度进行了测算，发现我国银行业基本处于垄断竞争状态，贷款市场的平均 Boone 指数为 - 0.433，4 万亿元投资刺激计划导致效率较低的国有银行增发更多货款，是 2009 年以后竞争度下降的主要原因。

二是银行竞争的经济金融效应。①银行竞争与企业信贷：张晓玫和潘玲（2013）基于深交所中小板上市公司数据实证发现，我国银行业市场结构与银企关系度之间呈现倒 U 形效应，即随着我国银行业竞争日益激烈，银企关系紧密程度表现出先上升后下降的趋势。马君潞等（2013）基于 1998 ~ 2007 年上市公司数据实证发现，银行竞争对上市公司借款期限的影响主要由"代理成本效应"的强弱决定，在该效应较强的地区，银行竞争往往使上市公司获取借款的期限缩短。②银行竞争与银行效率：黄隽和汤珂（2008）发现中国大陆银行业的市场开放度较低，竞争与效率呈明显的正相关关系，竞争有利于提高效率。侯晓辉等（2011）利用个体效应与非效率项分离的 SFA 面板数据模型测算了 2001 ~ 2008 年中国商业银行全要素生产率，发现市场集中度与银行全要素生产率显著负相关，竞争可以提高银行全要素生产率。邵汉华等（2014）基于联立方程，发现我国银行竞争和银行效率之间存在稳健的内生关系，两者相互促进。③银行竞争与银行风险：张宗益等（2012）基于1998～2010年14家全国性银行面板数据实证发现，价格竞争有助于缓解银行的信贷风险，但对于其整体经营风险的控制并无显著影响。杨天宇和钟宇平（2013）基于1995～2010年125家商业银行的非平衡面板数据实证发现，我国银行业集中度和竞争度均与银行风险呈显著的正相关关系，但银行竞争度并不是银行集中度与银行风险正相关的原因。

三是外资银行对银行竞争的影响。李伟和韩立岩（2008）基于Panzar-Rosse模型实证发现，外资银行进入程度与银行业市场竞争度呈现U形关系，只有当外资银行进入程度达到并超过一定水平时，才会对我国银行业的市场竞争发挥促进作用。王聪和宋慧英（2012）进一步发现，当前中国商业银行的市场竞争仍处于倒U形的上升阶段，现阶段我国仍属于外资银行进入初期。陈雄兵和陈子珊（2012）则认为外资银行具有高效的经营管理技术和强大的核心竞争力，其进入使中资银行面对强大的竞争压力，显著地提升了银行竞争度。此外，王宗芳（2007）从市场集中度、规模经济、产品差异化、制度性进入和退出壁垒等方面分析了我国银行业市场结构的影响因素。这些分析为研究银行竞争度影响因素提供了借鉴。

综上所述，国内外关于银行竞争的研究主要集中于银行竞争测度、银行竞争影响因素以及银行竞争所引发的经济效应，而从银行监管的角度来实证分析银行监管背景下银行竞争行为的研究还十分有限。根据可竞争性理论，监管机构对银行业市场准入和经营范围的限制，将会增加在位银行的垄断势力，不利于银行竞争。而根据公共利益论，银行监管有利于规范银行经营行为，促进银行稳健高效运营。世界上许多国家的银行监管机构都将促进银行公平有效竞争作为银行监管的目标之一。本章选取全球 128 个国家 1998～2010 年相关数据，采用 Lerner 指数和 Boone 指数衡量的银行竞争度与世界银行的银行监管数据库构建银行监管变量，对银行监管背景下的银行竞争行为进行全面系统的实证分析，以期从银行竞争的视角检验银行监管政策的效果。

第二节　银行竞争测度模型

目前，关于银行竞争测算的模型比较多，大体可以分为结构法和非结构法两类。结构法基于传统产业组织理论的 SCP 分析范式（Structure-Conduct-Performance Hypothesis），主要描述的是银行市场结构，有代表性的指标有银行市场集中度和 HHI 指数；而非结构法基于新经验主义产业组织理论（New Empirical Industrial Organization，NEIO），主要描述的是银行的市场竞争行为，有代表性的模型有 Iwata 模型（Iwata，1974）、Bresnahan 模型（Bresnahan，1982；Lau，1982）、Panzar-Rosse 模型（Panzar and Rosse，1987）、Boone 指数和 Lerner 指数。其中，非结构法的 Boone 指数和 Lerner 指数近年来被广泛应用于银行竞争度的测算（Carbó et al.，2009；Anzoategui et al.，2012；Coccorese and Pellecchia，2010；Van Leuvensteijn et al.，2011；Tabak et al.，2012；Clerides et al.，2013）。

一　结构模型

结构模型的理论基础源于传统产业组织理论的 SCP 分析范式，即"结构－行为－绩效"。该范式认为，少数企业的市场份额越大，市场集中度越高，而一个高度集中的市场会促使少数企业通过垄断行为获取超额利润，从而降低市场竞争程度和社会福利（Bain，1951）。该理论的核心逻辑是：市场绩效取决于企业行为，而企业行为取决于外生给定的市场结构。高度集中的市场会导致企业间的共谋（collusion）与竞争性行为减少，即企业竞争行为与市场集中度负相关。具体到银行业的实证研究，结构分析法一般运用集中度指数（CR_n）和 HHI 指数（赫芬达尔—赫希曼指数）来衡量银行的竞争程度。

（一）集中度指数

集中度（CR_n）是指某地区银行业前 n 家规模较大银行的市场份额占整个行业的比重，通常可以用银行资产规模、存款余额和贷款总额表示其市场份额。具体的公式可以表示如下：

$$CR_n = \sum_{i=1}^{n} S_i = \sum_{i=1}^{n} (X_i/X) \qquad (3.1)$$

其中，n 代表该地区规模较大银行的数量，S_i 代表第 i 家银行的市场份额，CR_n 值越大说明银行市场集中度越高，市场竞争度也就越低。在实际运用中，通常用规模最大的四家银行的 CR_4 来衡量一个地区的银行集中度，$CR_4 \geq 70\%$ 表示完全垄断市场，$30\% < CR_4 < 70\%$ 表示垄断竞争型市场，$CR_4 \leq 30\%$ 表示竞争型市场。

（二）HHI 指数

与集中度指数（CR_n）只考察几家规模较大银行市场份额占比不同的是，HHI 指数将研究对象扩大到整个银行业，用每家银行市场份额的平方和来表示银行的竞争结构。具体公式如下：

$$HHI = \sum_{i=1}^{N} S_i^2 = \sum_{i=1}^{N} (X_i/X)^2 \qquad (3.2)$$

其中，N 表示某一地区银行数量，S_i 代表第 i 家银行的市场份额，HHI 介于 $1/N$ 和 1 之间，HHI 值越大，说明垄断程度越高。$HHI = 1$

说明只有 1 家银行，垄断程度最高；HHI = 1/N 说明每家银行的市场份额相当，竞争度最高。HHI 指数一个最大的特点就是将每家银行的市场份额作为权重，当银行数量较多时，能够比较准确地描述市场的竞争结构。在实际运用中，通常用 *HHI* 乘以 10000 所得的值来划分市场竞争结构（见表 3.1）。

表 3.1　基于 *HHI* 值的竞争结构分类

竞争结构	寡占型				竞争型	
	高寡占 I 型	高寡占 II 型	低寡占 I 型	低寡占 II 型	竞争 I 型	竞争 II 型
HHI	$HHI \geqslant 3000$	$1800 \leqslant HHI < 3000$	$1400 \leqslant HHI < 1800$	$1000 \leqslant HHI < 1400$	$500 \leqslant HHI < 1000$	$HHI < 500$

二　非结构模型

非结构模型基于新经验主义产业组织理论，利用价格理论模型和可选择竞争条件构建估计方程，从微观企业竞争行为的角度来测度竞争程度，有代表性的模型主要有 Iwata 模型、Bresnahan 模型、Panzar-Rosse 模型、Lerner 指数和 Boone 指数。

（一）Iwata 模型

Iwata（1974）通过对生产同质产品的寡头垄断市场的市场需求函数和单个银行成本函数的估算来测度银行的市场竞争度。假设在寡头垄断市场中，每家银行都生产同质的产品，则银行的利润函数可以表示如下：

$$R_i = pq_i - c(q_i) - Fix_i \qquad (3.3)$$

其中，p 为产出价格，q_i 是产出数量，$c(q_i)$ 是成本函数，Fix_i 是银行 i 的固定成本。因此，银行的市场需求函数可以表示为：

$$p = f(Q) = f(q_1 + q_2 + \cdots + q_n) \qquad (3.4)$$

对式（3.4）进行一阶求导，可以得出：

$$p + f'(Q)(1+\lambda_i)q_i - c'(q_i) = 0 \qquad (3.5)$$

其中，$\lambda_i = \mathrm{d}\sum_{j\neq i}^{n} q_j/\mathrm{d}q_i$，表示银行 i 改变产出对其他银行产出的边际影响。假设将需求价格弹性定义为 $\eta_D = -(\mathrm{d}p/\mathrm{d}Q)(Q/p)$，则式（3.5）可以改写为：

$$p - (1/\eta_D)(p/Q)(1+\lambda_i)q_i - c'(q_i) = 0 \qquad (3.6)$$

进而推出：

$$\lambda_i = \eta_D\{[c'(q_i)-p]/p\}(Q/q_i) - 1 \qquad (3.7)$$

由于该模型要求详细的成本、产量、产品结构等数据，而这些数据很难搜集，因而其在实证中的运用受到了限制。有代表性的应用是 Shaffer 和 DiSalvo（1994）曾运用该模型对南非双寡头银行市场进行的定量研究。

（二）Bresnahan 模型

Bresnahan 模型是 Bresnahan（1982）和 Lau（1982）基于一般市场均衡原理建立的一个寡头垄断银行的产业组织模型（简称 BL 模型）。该模型认为，银行在边际成本与边际收益相等的情况下决定价格和产量，换言之，通过观察均衡价格和均衡产量之间的关系，就可以发现市场竞争结构的变化。模型通过函数指标 λ 来测度市场竞争度，λ 表示市场既有参与者对新加入者的反应程度，对银行 i 来说，便是在位银行对新进入银行的敏感性。模型的基本思路（Bikker，2003；殷孟波等，2009）可以表示如下。

假设每家银行提供的产品是同质的，则银行 i 的利润函数为：

$$R_i = pq_i - c(q_i, Ex_i) - Fix_i \qquad (3.8)$$

其中，Ex_i 是银行 i 的外部可变因素对边际成本的影响，Fix_i 是银

行 i 的固定成本。由于银行面对一条向下倾斜的需求曲线，其需求函数的反函数可以表示为：

$$p = f(Q, EX_D) = f(q_1 + q_2 + \cdots + q_n, EX_D) \tag{3.9}$$

其中，EX_D 表示外生变量对银行业需求的影响，银行 i 利润最大化的一阶条件为：

$$p + f'(Q, EX_D)\frac{\mathrm{d}Q}{\mathrm{d}q_i}q_i - c'(q_i, Ex_i) = 0 \tag{3.10}$$

各银行的平均值为：

$$p = -\lambda f'(Q, EX_D)Q + \sum c'(q_i, Ex_i)/n \tag{3.11}$$

通过推导得出测度指标 λ，其函数关系式为：

$$\lambda = (\mathrm{d}Q/\mathrm{d}q_i)/n = (1 + \mathrm{d}\sum_{i \neq j} x_j/\mathrm{d}x_i)/n \tag{3.12}$$

λ 介于 0 和 1 之间，其数值越大，说明行业垄断程度越高。$\lambda = 0$ 表示行业处于完全竞争的状态，$\lambda = 1$ 表示行业处于完全垄断的状态。Shaffer（1993）运用 BL 模型对美国和加拿大的银行业进行研究发现，加拿大银行业总体处于竞争状态，而美国银行业处于完全竞争的状态。

（三）Panzar-Rosse 模型

Panzar-Rosse 模型（PR 模型）是由 Panzar 和 Rosse（1982，1987）在伯川德模型的基础上提出的，其理论基础是可竞争的市场理论。该模型的核心思想是当投入成本不变时，银行将根据所处的市场结构来决定定价机制，因而可以通过银行收入与投入成本的变动弹性来分析其所处市场的竞争状况。具体来说，在 PR 模型中，当投入要素价格增加使边际成本和总收入以同样幅度增加，即收入与要素投入价格的变动弹性为 1 时，则可以判断市场结构属于完全竞争市场。银行的收入并没有跟随要素投入价格上升同样的比例，说明银行在投入要素后调整了产量以实现最大的利润，其中当收入与要素的变动弹性为负时，银行对市场有很大的控制力，市场结构为垄断或短期寡头垄断。而如果收入增长幅度小于投入要素价格增长的幅度，即收入与要素的变动弹性在 0 到 1 之间，则说明是垄断竞争市场。银行个体层面利润最大化的一阶条件为：

$$R'(x_i, n, z_i) - C'(x_i, w_i, t_i) = 0 \qquad (3.13)$$

其中，x_i 表示银行 i 的产出，n 为银行数量，z_i 为银行收益函数的外生变量，w_i 为银行 i 的生产要素投入价格，t_i 为银行成本函数的外生变量。

当行业处于均衡时，可以表示为：

$$R_i^*(x^*, n^*, z) - C_i^*(x^*, w, t) = 0 \qquad (3.14)$$

其中，* 表示均衡值。因此，市场的支配力可以通过银行收入随着投入要素价格变动的程度来反映，即 H 统计量。

$$H = \sum_{k=1}^{m} (\partial R_i^* / \partial w_{ki})(w_{ki} / R_i^*) \qquad (3.15)$$

需要指出的是，在实证文献中，对于 H 统计量的准确估测依赖一系列假设，主要包括：银行的市场环境处于长期均衡状态，银行之间的行为是相互影响的，银行的成本结构是同质的，银行可以根据不同的市场结构和投入要素成本来制定不同的定价策略。

（四）Lerner 指数

Lerner 指数最早是由 Lerner（1934）提出并规范化的，主要用于衡量厂商的垄断势力大小。该方法源于 BL 模型，可以通过估算银行在边际成本之上的定价能力（市场势力）来测算银行竞争度，近年来被广泛应用于银行竞争度的测算（Berger et al. , 2009；Carbó et al. , 2009；Coccorese and Pellecchia, 2010；Turk-Ariss, 2010；Delis，2012；Anzoátegui and Martinez Peria, 2012；Beck et al. , 2013）。

根据定义，银行 i 第 t 年的 Lerner 指数可以表示如下：

$$Lerner_{it} = (P_{it} - MC_{it})/P_{it} \qquad (3.16)$$

式（3.16）中，P_{it} 表示第 i 家银行第 t 年的产出价格，用总收入与总资产的比值来表示，MC_{it} 为第 i 家银行第 t 年的边际成本。为了估计边际成本，采用超越对数成本函数：

$$\ln TC_{it} = \alpha_0 + \alpha_1 \ln Q_{it} + \frac{\alpha_2}{2}(\ln Q_{it})^2 + \sum_{j=1}^{2} \beta_j \ln w_{it}^j$$

$$+ \frac{1}{2}\sum_{j=1}^{2}\sum_{k=1}^{2}\rho_{jk}\ln w_{it}^j \ln w_{it}^k + \sum_{j=1}^{2}\gamma_j \ln w_{it}^j \times \ln Q_{it} + \mu_i + \nu_{it} \qquad (3.17)$$

TC 表示总成本，Q 表示银行的总资产。w 表示银行投入价格，包括劳动力价格、资金价格和资本价格等。同时，为了提高式（3.17）的规范性，需要对其施加投入价格的对称性约束和线性同质性约束：

$$\sum_{j=1}^{3}\beta_j = 1, \sum_{k=1}^{3}\rho_{jk} = 0(j = 1,2,3), \sum_{j=1}^{3}\gamma_j = 0 \qquad (3.18)$$

在满足上述条件的情况下，对式（3.17）进行有约束估计，进而可以估算出银行的边际成本：

$$MC_{it} = \frac{\partial C_{it}}{\partial Q_{it}} = \frac{C_{it}}{Q_{it}}(\hat{\alpha}_1 + \hat{\alpha}_2 \ln Q_{it} + \sum_{j=1}^{3}\hat{\gamma}_j \ln w_{it}^j) \qquad (3.19)$$

在求得 MC_{it} 后，可以计算每家银行每年的 Lerner 指数。该指数在 0 和 1 之间，当银行完全竞争时，$P = MC$，Lerner = 0；当银行完全垄断时，Lerner = 1。

（五）Boone 指数

Boone 指数是 Boone（2008）基于相对利润差（RPD）模型提出的，其核心思想是：随着市场竞争加剧，产出和利润会从低效的企业转向高效的企业。效率高（边际成本低）的企业比效率低（边际成本高）的企业更容易获得更大的市场份额和更丰厚的利润，并且这种现象在竞争度越高的市场表现得越明显，即企业间相对利润差$\frac{\pi(e'')-\pi(e')}{\pi(e')-\pi(e)}$[①]与市场竞争正相关。根据这一理论逻辑，以利润或市场份额为被解释变量，以边际成本为解释变量，通过计量分析得到的系数估计值（Boone 指数）可以用来判断市场竞争度。Boone指数理论上为负数，反映边际成本与利润的负相关关系，该值越小，说明市场竞争度越强。

近年来，一些学者开始将 Boone 指数运用于银行业竞争度的测度研究（Van Leuvensteijn et al., 2011；Tabak et al., 2012；Clerides et al., 2013；李国栋，2015）。下面本书简要介绍 Boone 指数的实证方法。首先，可以将银行 i 的需求函数定义为：

$$p(q_i, q_{j\neq i}) = a - bq_i - d\sum_{j\neq i} q_j \tag{3.20}$$

其中，d 表示不同银行产品的替代性系数。银行 i 的边际成本为 mc_i，则银行可以通过选择最优产量 q_i 来获取最大化利润。

$$\max_{q_i}\pi_i = (p - mc_i)q_i \tag{3.21}$$

假定 $a > mc_i$，$0 < d \leq b$，则银行 i 的 Cournot-Nash 均衡一阶条件为：

$$a - 2bq_i - d\sum_{i\neq j} q_j - mc_i = 0 \tag{3.22}$$

将上述情形扩展到 N 家银行同时做出利润最大化决策时，则可以通过求解 N 个一阶条件得到均衡产量：

[①] 对于任意三家效率水平不同的企业而言，可变利润分别为 $\pi(e'')$、$\pi(e')$、$\pi(e)$，其中，$e''>e'>e$，表示三家企业的效率水平，可以用边际成本表示。

$$q_i(mc_i) = \left[(2b/d - 1)a - (2b/d + N - 1)mc_i + \sum_j mc_j \right]$$

$$/ \left\{ [2b + d(N - 1)](2b/d - 1) \right\} \qquad (3.23)$$

将式（3.23）代入式（3.21）可以得到利润最大化时边际成本的二次函数：

$$\pi_i(mc_i) = \frac{\left[(2b/d - 1)a - (2b/d + N - 1)mc_i + \sum_j mc_j \right]}{\left\{ [2b + d(N - 1)](2b/d - 1) \right\}} (p - mc_i)$$

$$(3.24)$$

由于利润 π_i 不包含准入成本 ε，因此只有当 $\pi_i \geqslant \varepsilon$ 时，银行 i 才会进入市场。在这样的市场中，两种情形会促使银行竞争加剧。一是不同银行产品之间的替代性增加，即 d 变大，银行竞争会更加激烈。二是准入成本 ε 下降，市场竞争度会上升。Griffith et al.（2005）证明在以上两种情形下竞争有利于有效率的企业，边际成本越低，银行利润（市场份额）越高。进一步地，Van Leuvensteijn et al.（2011）、Tabak et al.（2012）在实证研究中通过估计如下模型得到 Boone 指数：

$$\ln\pi_{it} = \alpha + \beta_t \ln mc_{it} + \mu_{it} \qquad (3.25)$$

其中，系数 β 就是 Boone 指数，衡量的是利润对边际成本的弹性估值，其值越小，说明市场竞争度越高。边际成本 mc 的估算方法见上文，在此不再赘述。

三 模型评述

结构模型是基于传统产业组织理论的 SCP 分析范式，先验地将银行市场集中度等同于垄断势力强、竞争不足。但是，越来越多的实证研究发现，这一理论逻辑关系在银行业并不成立（Claessens and Laeven，2004；Schaeck et al.，2009）。由于银行本身的特点，集中并不意味着银行之间缺乏竞争，分散也并不意味着银行之间的竞争激烈，监管部门对银行准入、经营范围以及价格的控制都会影响银行业竞争程度。换言之，在高度集中的市场结构下银行之间仍可能存在激烈的竞争行为。

摒弃结构模型在测度银行竞争时弊端，非结构模型不再将市场结构等同于竞争行为，没有利用市场结构的相关信息，而是基于可竞争理论模型和银行经营的微观数据，直接测度银行竞争行为，从而具有更加坚实的微观基础。非结构模型中的 Iwata 模型和 Bresnahan 模型由于所需数据难以获取，在实证研究中运用得比较少。PR 模型通过估计关于银行收益的一个简化方程式得到用于判断竞争度高低的 H 指数，简单易于操作并有一定的理论基础，但是也面临一些缺点：一是对 H 统计量的计算要求市场处于长期均衡状态，大多数发展中国家的银行业市场很难满足这个条件（De Nicolo and Turk-Ariss，2010）；二是 H 统计量无法对市场竞争进行连续测度，不能反映银行竞争的动态变化（吴恒宇，2013）。

鉴于结构法和非结构法的 Iwata 模型、Bresnahan 模型和 PR 模型在测度银行竞争时存在一定的局限性，Boone 指数和 Lerner 指数被广泛运用于银行竞争测度的跨国研究中（Carbó et al.，2009；Agoraki et al.，2011；Van Leuvensteijn et al.，2011；Jimenez et al.，2013；Delis et al.，2012；Schaeck and Cihak，2009）。其中，Delis et al.（2013）基于全球 148 个国家 12206 家银行的数据，分别利用 Boone 指数、Lerner 指数和调整 Lerner 指数[①]对每个国家 1997～2010 年的

[①] 标准 Lerner 指数假设银行不存在效率损失，而实际上低效银行可能无法完全利用市场力量所带来的定价机会，因此，在对 Lerner 指数进行估计时有必要同时考虑效率的内生影响（吴恒宇，2013）。为此，Koetter、Kolari 和 Spierdijk（2012）提出了一个效率调整的 Lerner 指数（ $Adjusted\ Lerner_{it} = \dfrac{\pi_{it} + tc_{it} - mc_{it}q_{it}}{\pi_{it} + tc_{it}}$ ）。

银行竞争度进行了全面系统的测算。本书将借鉴他们的研究结果，来实证研究银行监管对银行竞争的影响。

第三节　银行监管与银行竞争行为的跨国检验

一　计量模型

为了检验银行监管对银行竞争的影响，本书借鉴 Efthyvoulou 和 Yildirim（2014）的研究框架，构建如下计量模型：

$$Comp_{it} = \alpha Comp_{it-1} + \sum_m \beta_m Reg_{mt} + \sum_j \lambda_j Control_{i,jt-1} + \mu_i + \nu_{it}$$

$$(3.26)$$

其中，$Comp_{it}$ 是银行竞争变量，分别用 Lerner 指数、调整 Lerner 指数（A-Lerner）和 Boone 指数等指标来代理；$\sum_m Reg_{mt}$ 是一组银行监管变量，主要包括资本管制（Cap）、业务管制（Act）、政府监管权力（Sup）和市场监督（Mar）四个监管指数；$\sum_j Control_{i,jt}$ 是一组控制变量，主要有：一是银行集中度（CR3），用来控制银行市场结构对银行竞争的影响；二是股票市值占比（Stock）和保险收入占比（Ins），表示一个国家股票市场和保险市场的发展水平，主要从金融产业层面控制非银行金融机构对银行竞争的影响；三是银行特征变量，主要包括银行净利差（Nim）、银行非利息收入占比（Nii）、银行管理成本（Over）、银行盈利性（Roa）；四是银行危机（Crisis），用来控制银行危机对银行竞争度的影响；五是金融自由化，用金融自由化指数（Flib）来控制金融自由化对银行竞争行为的影响；六是宏观经济变量，用经济增长率（GDP）、通货膨胀率（CPI）来控制宏观经济对银行竞争度影响。变量的详细定义见表3.2。

表 3.2 变量定义

变量	符号	定义
银行竞争	*Lerner*	详细定义见本章第二节
银行竞争	*A-lerner*	详细定义见本章第二节
银行竞争	*Boone*	详细定义见本章第二节
资本管制	*Cap*	详细定义见本章第三节
业务管制	*Act*	详细定义见本章第三节
政府监管权力	*Sup*	详细定义见本章第三节
市场监督	*Mar*	详细定义见本章第三节
银行集中度	*CR3*	前三大银行的资产与该国全部银行资产的比值
股票市值占比	*Stock*	股票市值与该国 GDP 的比值
保险收入占比	*Ins*	寿险与非寿险保费收入占该国 GDP 的比值
银行净利差	*Nim*	用银行业的利息收入与利息支出之差占总盈利性资产的比值表示
银行非利息收入占比	*Nii*	用银行业非利息收入占总收入的比值表示
银行管理成本	*Over*	用银行业管理成本与银行总资产之比表示
银行盈利性	*Roa*	用银行业平均资产收益率表示，该值越大说明银行体系盈利能力越强
银行危机	*Crisis*	如果一国当年发生了银行危机，则赋值 1，没有发生危机的年份赋值 0
金融自由化指数	*Flib*	用美国传统基金会编制的经济自由度指数（financial freedom index）表示，该值越大，说明该国金融自由化程度越高
经济增长率	*GDP*	GDP 增长率
通货膨胀率	*CPI*	用各国 CPI 表示，衡量国家间宏观经济稳定性状况

由于银行竞争行为具有高度持续的特征，与 Efthyvoulou 和 Yildirim（2014）一样，本书使用动态面板模型来实证分析银行监管对银行竞争行为的影响。针对动态面板数据估计过程中存在的变量

内生性和样本异质性问题给估计参数带来的偏差，Arellano 和 Bond（1995）提出使用 GMM 估计方法。该方法通过差分和工具变量来控制未观察到的时间或个体效应，同时还将滞后的被解释变量和前期的解释变量作为工具变量，来解决双向因果关系引起的内生性问题。因此，本书使用系统 GMM 方法对模型（3.26）进行估计。同时，为了确保模型估计的有效性，对模型进行过度识别检验和二阶序列相关检验。

二　样本界定和数据说明

基于样本数据的可得性①，本书选取 1998 ~ 2010 年 128 个国家或地区的相关数据，主要包括：澳大利亚、新西兰等 3 个太平洋国家，阿根廷、玻利维亚等 9 个南美国家，加拿大、哥斯达黎加等 11 个北美国家，阿尔及利亚、安哥拉等 31 个非洲国家，日本、中国香港等 32 个亚洲国家或地区，阿尔巴尼亚、奥地利等 42 个欧洲国家或地区。研究样本基本覆盖了全球主要的发达国家与发展中国家。

在样本期间内，Lerner 指数、调整 Lerner 指数、Boone 指数的均值分别为 0.259、0.206、−0.454。其中，Lerner 指数的均值分布在 −0.114（2003 年巴拉圭）和 0.65（2009 年埃塞尔比亚）之间，调整 Lerner 指数的均值分布在 −0.179（2002 年巴拉圭）和 0.637（2009 年埃塞尔比亚）之间，Boone 指数的均值分布在 −0.701（2002 年墨西哥）和 −0.331（2002 年塞尔维亚）之间。根据 Lerner 指数、调整 Lerner 指数和 Boone 指数走势（见图 3.1、图 3.2、

---

① GDP 和 CPI 等宏观经济数据源于世界银行的 WDI 数据库，银行业数据源于世界银行的全球金融发展数据库（GFDD）。

图 3.3），我们发现发展中国家的银行市场势力要高于发达国家，也就是说发达国家银行体系的竞争要比发展中国家激烈。此外，Lerner 指数和调整 Lerner 指数在样本期间总体呈现波动性上升的趋势，即银行市场势力总体在增加，但是在金融危机期间有一个明显的下降，说明金融危机对银行市场势力产生了一个负向冲击。Boone 指数总体也呈现类似的走势。

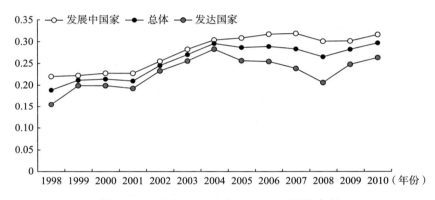

图 3.1　1998～2010 年 Lerner 指数走势

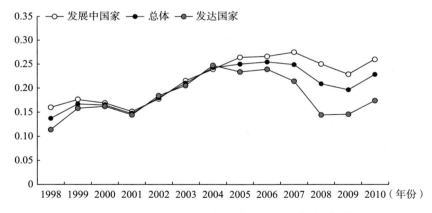

图 3.2　1998～2010 年调整 Lerner 指数走势

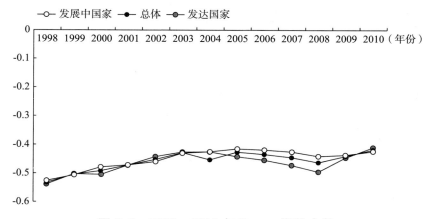

图 3.3　1998～2010 年 Boone 指数走势

表 3.3 是相关系数矩阵，从中我们可以发现，除资本管制外，业务管制、市场监督和政府监管权力与银行竞争指标均正相关，说明较严格的业务管制、市场监督和政府监管增强了银行市场势力，限制了银行竞争度的提高。尽管相关性分析能够在一定程度上说明两者的关系，但是没有控制银行竞争的其他方面、各国的特性和潜在内生性，所得的结果可能并不那么令人信服。因此，接下来将通过计量经济模型来实证检验。

三　实证分析

表 3.4 给出了模型（3.26）的系统 GMM 估计结果，被解释变量是 Lerner 指数。表 3.4 列（1）～（5）逐步将银行监管子项指数引入回归模型，Lerner 指数的滞后项均显著为正，说明当前银行市场势力会受到前一期影响，银行市场势力具有自我强化特征，这也在一定程度上说明本书运用动态模型的合理性和必要性。模型检验统计量显示，各回归模型的 AR（2）和 Sargan 检验值均不能拒绝零假设，说明模型残差不存在显著二阶自相关，工具变量的选择是合理

表 3.3　相关系数分析

	Lerner	A-lerner	Boone	Cap	Act	Sup	Mar	CR3	Stock	Ins	Nim	Nii	Over	Roa	Crisis	Flib	GDP	CPI
Lerner	1.000																	
A-lerner	0.864	1.000																
Boone	0.373	0.318	1.000															
Cap	0.010	-0.026	-0.104	1.000														
Act	0.169	0.103	0.056	0.023	1.000													
Sup	0.130	0.067	0.055	0.130	0.079	1.000												
Mar	0.061	0.123	0.047	-0.048	0.082	-0.087	1.000											
CR3	-0.006	0.039	-0.072	-0.064	-0.126	-0.097	0.126	1.000										
Stock	-0.020	0.111	0.038	0.031	-0.211	-0.128	0.240	0.090	1.000									
Ins	-0.292	-0.187	-0.051	0.046	-0.265	-0.174	0.104	0.111	0.565	1.000								
Nim	0.260	0.214	0.053	-0.019	0.250	0.140	-0.053	-0.088	-0.408	-0.493	1.000							
Nii	-0.115	-0.054	0.086	-0.061	-0.176	-0.173	-0.050	-0.139	0.194	0.150	-0.100	1.000						
Over	0.052	0.006	0.000	-0.006	0.093	-0.031	-0.068	-0.179	-0.189	-0.248	0.415	0.327	1.000					
Roa	0.059	0.189	0.093	0.020	0.006	-0.032	0.057	-0.049	0.020	-0.015	0.119	-0.106	0.034	1.000				
Crisis	-0.215	-0.303	-0.197	0.019	0.008	0.109	-0.126	-0.056	-0.071	0.034	-0.080	0.017	0.115	-0.275	1.000			
Flib	-0.209	-0.109	-0.018	-0.069	-0.305	-0.014	0.117	0.258	0.304	0.397	-0.368	0.197	-0.189	-0.053	0.004	1.000		
GDP	0.189	0.298	0.138	-0.136	0.048	-0.090	0.055	-0.073	0.009	-0.114	0.082	0.006	-0.029	0.164	-0.053	-0.169	1.000	
CPI	0.241	0.162	0.183	-0.027	0.060	0.233	-0.032	-0.064	0.034	0.005	-0.106	-0.039	0.040	-0.083	0.164	-0.020	-0.114	1.000

的。另外，各变量符号和显著性在不同回归模型中保持了较好的一致性，说明估计结果呈现出较强的稳定性。

表 3.4　银行竞争 Lerner 指数的决定因素的回归结果

	（1）	（2）	（3）	（4）	（5）
L. Lerner	0.482*** (34.72)	0.478*** (37.77)	0.465*** (27.90)	0.481*** (48.68)	0.460*** (25.37)
Cap	−0.001*** (−11.21)				−0.005*** (−4.98)
Act		0.001* (1.82)			0.003*** (7.10)
Sup			0.003*** (7.30)		0.004*** (8.30)
Mar				0.004*** (3.57)	0.002* (1.84)
CR3	0.107*** (10.10)	0.088*** (9.97)	0.072*** (9.93)	0.080*** (9.00)	0.074*** (6.65)
Stock	0.031*** (8.88)	0.027*** (9.67)	0.035*** (23.43)	0.032*** (16.87)	0.034*** (21.59)
Ins	−0.903*** (−13.67)	−0.860*** (−13.75)	−1.036*** (−14.68)	−1.075*** (−15.89)	−0.894*** (−14.00)
Nim	0.173*** (3.45)	0.195*** (3.50)	0.257*** (4.74)	0.230*** (3.47)	0.231*** (3.90)
Nii	0.039*** (4.41)	0.040*** (4.66)	0.007 (1.19)	−0.009 (−1.37)	0.008 (1.06)
Over	−0.031*** (−2.84)	−0.035** (−3.28)	−0.014 (−0.75)	−0.020** (−2.30)	0.005 (0.30)
Roa	−0.077*** (−16.25)	−0.086*** (−27.30)	−0.095*** (−24.73)	−0.104*** (−28.14)	−0.097*** (−21.12)
Crisis	−0.083*** (−23.20)	−0.082*** (−18.54)	−0.070*** (−18.85)	−0.069*** (−17.55)	−0.069*** (−14.43)
Flib	0.00017*** (3.38)	0.00013** (2.00)	0.00016** (2.19)	0.00010 (1.30)	0.0001 (1.53)

	（1）	（2）	（3）	（4）	（5）
GDP	- 0. 127*** (- 6. 82)	- 0. 129*** (- 9. 39)	- 0. 075*** (- 4. 35)	- 0. 074** (- 2. 56)	- 0. 063** (- 2. 18)
CPI	0. 071*** (14. 69)	0. 074*** (16. 70)	0. 061*** (19. 12)	0. 070*** (16. 42)	0. 055*** (11. 27)
_ cons	0. 083*** (10. 38)	0. 062*** (6. 18)	0. 061*** (5. 47)	0. 076*** (5. 57)	0. 031* (1. 91)
AR （1）	0. 01	0. 01	0. 01	0. 01	0. 01
AR （2）	0. 36	0. 37	0. 33	0. 32	0. 33
Sargan	1. 00	1. 00	1. 00	1. 00	1. 00

注：＊、＊＊、＊＊＊分别表示10%、5%、1%的置信水平，余表同。

由表 3. 4 可知，在控制其他变量的情况下，资本管制（*Cap*）的系数在 1% 置信水平下显著为负，说明资本管制与银行市场势力之间存在显著的负相关关系，即加强资本管制的监管政策有利于降低银行市场势力、促进银行竞争。可能的原因是，在严格的资本监管要求下，银行信贷规模扩张受到抑制，同时银行资本补充压力增加，这就会倒逼银行在控制风险加权资产规模的情况下加快资产结构调整，积极争夺低风险高收益的信贷客户，进而促进银行竞争。

业务管制系数在 10% 置信水平下显著为正，说明对银行经营业务的限制和市场准入的管制会降低银行竞争度，提高银行垄断势力。这与可竞争性理论强调的通过放松市场准入和业务管制来建立可竞争性机制，进而促进银行竞争的观点是一致的（Claessens and Laeven，2004）。

市场监督指标在 1% 置信水平下显著为正，说明旨在帮助私人投资者来获取银行可靠经营信息并以此约束银行的市场监管政策会显著增强银行市场势力，削弱银行竞争。可能的原因是市场监督机制通过促进银行经营信息透明规范来降低信息不对称，增强银行融资能力和定价能力，进而使银行垄断势力和特许权价值得到提升。与此同时，我们发现政府监管权力指标在1%置信水平下也显著为正，这说明无论是加强私人部门还是政府部门对银行的监督均会显著地提高银行市场势力。

从银行市场结构和金融产业结构来看，银行集中度系数在各回归模型中均显著为正，说明银行集中度与银行市场势力正相关，这与传统产业组织理论的SCP分析范式强调高度集中的市场会导致银行间共谋（collusion）与竞争性行为的减少的观点是一致的。股票市值占比和保险收入占比系数显示，保险业发展能够显著地促进银行竞争，而资本市场发展不仅没有促进银行竞争，反而显著地提高了银行的市场势力。这是因为在金融混业经营的大背景下，资本市场发展为银行开拓新业务提供平台，增加了盈利增长点，资本市场与银行业发展不再是简单的竞争关系，而是呈现出协同发展的新趋势。

从银行特征变量来看，银行净利差和银行非利息收入占比的系数在1%置信水平下均显著为正，说明较高的银行净利差削弱了银行竞争，银行非利息业务发展增强了银行市场势力。这与Bolt和Humphrey（2010）、Efthyvoulou和Yildirim（2014）的结论是一致的。他们也研究发现银行在非利息业务上的竞争要小于传统存贷业务。银行管理成本的系数符号为负，并在1%置信水平下显著。这说明较低的管理成本将显著提升银行市场势力，也就是说银行较强的市场势力在一定程度上源于其较高的经营管理效率。这一结论支持效率结构假说强调的效率较高的银行容易获取较高的市场份额，从而形成自己的垄断势力。

银行危机变量的系数在各回归模型中均显著为负，这说明金融危机降低了银行市场势力。金融危机导致经济下滑、银行资本损失和不良贷款急剧增加，同时信息不对称程度上升产生的逆向选择和道德风险增加了借贷成本，从而使得全球银行业市场势力在 2008 年均普遍出现明显的下降（Clerides et al.，2013）。金融自由化指数的系数为正，但仅在列（1）中在 1% 置信水平下显著，金融自由化对银行竞争的促进效应总体上还不是十分明显。通货膨胀率的系数在 1% 置信水平下显著为正。

表 3.5 和表 3.6 分别给出了被解释变量是调整 Lerner 指数和 Boone 指数时模型的系统 GMM 估计结果。从中我们发现，资本管制变量的系数在表 3.5 和 3.6 中均显著为负，市场监督和政府监管权力变量的系数在表 3.5 和 3.6 中均显著为正，这与表 3.4 的结论是完全是一致的，说明资本管制促进银行竞争、市场监督和政府监管权力增加削弱银行竞争的结论较为稳健。业务管制变量的系数在表 3.5 中依然显著为正，而在表 3.6 中符号变为负，这说明业务管制削弱银行竞争的结论得到部分验证。就其他控制变量而言，表 3.5 和表 3.6 的回归结果与表 3.4 的结论基本保持一致，在此不再赘述。

表 3.5　银行竞争调整 Lerner 指数的决定因素的回归结果

	（1）	（2）	（3）	（4）	（5）
L. A-Lerner	0.472*** (25.27)	0.483*** (19.64)	0.468*** (30.45)	0.489*** (34.80)	0.445*** (15.94)
Cap	-0.010*** (-17.15)				-0.010*** (-17.68)
Act		0.004*** (9.37)			0.0061*** (8.87)
Sup			0.003*** (6.08)		0.005*** (8.23)

续表

	（1）	（2）	（3）	（4）	（5）
Mar				0.006***	0.004***
				（8.24）	（3.24）
CR3	0.096***	0.099***	0.096***	0.097***	0.093***
	（12.34）	（12.57）	（13.57）	（9.84）	（8.59）
Stock	0.036***	0.032***	0.035***	0.031***	0.035***
	（24.14）	（13.86）	（16.68）	（10.79）	（11.87）
Ins	-0.482***	-0.665***	-0.535***	-0.647***	-0.420***
	（-5.59）	（-13.55）	（-8.14）	（-10.41）	（-4.52）
Nim	0.394***	0.391***	0.331***	0.434***	0.374***
	（7.77）	（7.76）	（6.48）	（8.04）	（6.80）
Nii	0.078***	0.065***	0.072***	0.073***	0.092***
	（10.96）	（8.42）	（8.42）	（8.03）	（8.75）
Over	-0.123***	-0.129***	-0.112***	-0.141***	-0.0953***
	（-8.43）	（-9.67）	（-7.71）	（-10.35）	（-3.92）
Roa	0.130***	0.130***	0.139***	0.129***	0.134***
	（38.83）	（29.83）	（38.28）	（35.07）	（26.27）
Crisis	-0.0468***	-0.0455***	-0.0464***	-0.0413***	-0.0476***
	（-13.06）	（-12.32）	（-15.88）	（-14.59）	（-10.36）
Flib	-0.00015*	-0.00001	-0.00004	-0.00007	0.00007
	（-1.72）	（-0.12）	（-0.62）	（-1.16）	（0.74）
GDP	0.180***	0.213***	0.228***	0.212***	0.208***
	（10.53）	（15.03）	（19.95）	（14.81）	（10.76）
CPI	0.073***	0.068***	0.074***	0.071***	0.052***
	（11.94）	（15.47）	（9.18）	（17.04）	（7.55）
_cons	0.058***	-0.030***	-0.025**	-0.032**	-0.085***
	（4.32）	（-3.10）	（-2.00）	（-2.55）	（-5.20）
AR（1）	0.00	0.00	0.00	0.00	0.00
AR（2）	0.10	0.14	0.11	0.10	0.14
Sargan	1.00	1.00	1.00	1.00	1.00

表 3.6　银行竞争 **Boone** 指数的决定因素的回归结果

	（1）	（2）	（3）	（4）	（5）
L. Boone	0.664***	0.663***	0.674***	0.659***	0.653***
	（61.49）	（54.32）	（62.22）	（54.89）	（40.35）
Cap	-0.002***				-0.002***
	（-8.44）				（-3.26）
Act		-0.001**			-0.001*
		（-2.13）			（-1.83）
Sup			0.0005**		0.0010**
			（2.41）		（2.46）
Mar				0.002***	0.003***
				（3.70）	（3.37）
CR3	0.009**	0.009	0.010***	0.010**	0.003
	（2.03）	（1.77）	（3.93）	（1.96）	（0.58）
Stock	-0.007	-0.029	-0.060**	0.016	0.008
	（-0.22）	（-0.72）	（-2.04）	（0.45）	（0.12）
Ins	-0.019***	-0.019***	-0.019***	-0.019***	-0.018***
	（-21.09）	（-11.01）	（-10.78）	（-11.65）	（-7.91）
Nim	0.151***	0.198***	0.193***	0.190***	0.161***
	（3.73）	（5.16）	（7.58）	（4.30）	（2.86）
Nii	0.031***	0.028***	0.040***	0.031***	0.033***
	（7.29）	（4.92）	（9.52）	（5.52）	（5.00）
Over	-0.051***	-0.049***	-0.053***	-0.047***	-0.047***
	（-15.03）	（-9.36）	（-11.74）	（-8.12）	（-4.98）
Roa	-0.078***	-0.080***	-0.074***	-0.077***	-0.078***
	（-25.91）	（-27.71）	（-27.91）	（-25.91）	（-25.23）
Crisis	-0.049***	-0.052***	-0.049***	-0.049***	-0.049***
	（-25.56）	（-14.07）	（-21.02）	（-18.45）	（-15.24）
Flib	-0.00029***	-0.00029***	-0.00017***	-0.00026***	-0.00030***
	（-6.93）	（-5.10）	（-3.80）	（-5.72）	（-4.83）
GDP	-0.062***	-0.082***	-0.067***	-0.070***	-0.070***
	（-4.53）	（-8.08）	（-5.25）	（-4.64）	（-4.08）

续表

	（1）	（2）	（3）	（4）	（5）
CPI	0.030***	0.032***	0.025***	0.030***	0.026***
	（8.36）	（7.88）	（6.47）	（5.76）	（4.05）
_cons	−0.122***	−0.121***	−0.144***	−0.153***	−0.145***
	（−13.22）	（−9.65）	（−19.03）	（−13.76）	（−7.02）
AR（1）	0.00	0.00	0.00	0.00	0.00
AR（2）	0.27	0.30	0.30	0.28	0.25
Sargan	1.00	1.00	1.00	1.00	1.00

四　稳健性检验

尽管系统 GMM 方法与其他估计方法相比能够更有效地解决动态模型中因变量滞后项、变量遗漏和解释变量的内生性问题，但是在有限样本条件下，系统 GMM 估计量也可能产生偏倚，我们采用 Bond et al. （2002）的经验法则，对 GMM 估计量和 OLS 估计量、固定效应模型（FE）估计量进行对比。由于 OLS 估计被解释变量的滞后项和不可观察的截面效应存在正相关关系，估计量是向上偏倚的，而固定效应估计因变量的滞后项和随机扰动项负相关，估计量向下偏倚。如果滞后因变量的 GMM 估计值介于固定效应估计值和 OLS 估计值之间，那么 GMM 估计是可靠有效的。由表 3.7 可知，对基准回归方程滞后项系数检验发现，GMM 估计量介于两个估计量之间，说明系统 GMM 模型估计是可靠有效的。

表 3.7　因变量滞后项系数检验

Lerner 指数	（1）	（2）	（3）	（4）	（5）
OLS	0.733	0.735	0.732	0.733	0.734
SYS-GMM	0.482	0.478	0.465	0.481	0.460
FE	0.477	0.475	0.462	0.468	0.452

续表

调整 Lerner 指数	（1）	（2）	（3）	（4）	（5）
OLS	0.706	0.701	0.701	0.700	0.705
SYS-GMM	0.472	0.483	0.468	0.489	0.445
FE	0.459	0.446	0.437	0.446	0.429
Boone 指数	（1）	（2）	（3）	（4）	（5）
OLS	0.739	0.742	0.740	0.741	0.740
SYS-GMM	0.664	0.663	0.674	0.659	0.653
FE	0.570	0.569	0.568	0.568	0.571

第四节　本章小结

银行竞争在提高微观经济主体的信贷可得性、改善社会福利水平、促进经济增长、提高银行自身经营管理效率、降低经营风险、促进银行稳健经营等方面都具有重要的作用。因此，准确识别银行竞争的影响因素并有针对性地提出促进银行有效竞争的政策就显得尤为重要。本章利用世界银行银行监管数据库中的调查数据构建银行监管变量指标，采用 Lerner 指数和 Boone 指数衡量银行竞争，选取全球 128 个国家或地区 1998～2010 年相关数据，对银行监管背景下的银行竞争行为首次进行了全面系统的实证分析，研究结论如下。

（1）较强的资本管制和较弱的业务管制降低了银行市场势力，显著促进了银行竞争。而较强的市场监督和政府监管显著地提高了银行市场势力，无论是加强私人部门还是政府部门对银行的监督均削弱了银行竞争。因此，政府在制定促进银行稳健的监管政策时，要高度关注不同监管政策对银行竞争的影响，着力提高银行监管政策与银行可竞争性环境构建的协同性。

（2）银行集中度显著地提高了银行垄断势力，削弱了银行竞争，这一结论支持传统产业组织理论的 SCP 分析范式。保险业发展促进了银行竞争，而资本市场发展不仅没有给银行业带来竞争压力，反而增强了银行的市场势力。这是因为在金融混业经营的大背景下，资本市场发展为银行开拓新业务提供了平台，拓宽了盈利增长点，资本市场与银行业发展不再是简单的竞争关系，而是呈现出协同发展的新趋势。

（3）较高的银行净利差和银行非利息收入占比显著地提高了银行市场势力，削弱了银行竞争。银行管理成本下降显著地提高了银行市场势力，这一结论说明银行市场势力提高在一定程度上源于其经营管理效率的改善，支持效率结构假说强调的效率较高的银行容易获取较高的市场份额，从而形成自己的垄断势力。此外，金融危机降低了银行市场势力，而通货膨胀率对银行市场势力影响为正，银行市场势力呈现一定的顺周期特征。

第四章 银行监管背景下银行效率影响因素分析

第一节 研究基础

一 银行效率的影响因素

探究银行效率的影响因素，真正打开影响商业银行经营效率的"黑匣子"，从而找到提升银行效率的有效途径，一直是银行管理领域的学术研究热点。银行效率的影响因素有很多，大体可以分为内部因素和外部因素两类。内部因素相关研究主要是从银行自身特征出发，探索银行规模、股权结构和业务模式等微观因素对银行效率的影响。外部因素相关研究则是从外部经营环境及政策制度出发，探索国内外宏观经济、金融自由化、金融监管政策和市场结构等宏观因素对银行效率的影响。国外学者运用不同的研究方法，对不同国家的银行效率影响因素进行了大量的研究，相关文献可以归纳为以下几个方面。

一是产权结构对银行效率的影响。根据产权结构的不同，银行可以划分为国有控制银行、私营股份制银行及外资银行三类，三类银行效率的差距在一定程度上反映了产权结构对银行效率的影响。传统产权理论认为，国有银行由于产权不清晰、委托代理问题严重和道德风险的存在，效率往往要低于私营银行。Bonin et al.（2005）对保加利亚、捷克等转型国家商业银行效率的研究证实了国有银行的效率远低于外资银行和私营股份制银行，银行私有化有利于银行效率的提高。

　　但是针对外资银行相对于本地银行是否存在优势，学术界存在较大争议。本地优势假说（Home Filed Advantage Hypothesis）认为由于外资银行在语言、文化、汇率、监管环境等适应性和规模不经济等方面存在劣势，面临结构性代理成本，其效率往往低于东道国本地银行。但是全球优势假说（Global Advantage Hypothesis）认为外资银行凭借先进的技术、优秀的管理技能以及高效的组织团队，能够克服跨境经营劣势，经营管理效率要显著高于本地银行（Berger et al.，2000）。表4.1列举了此领域部分有代表性的实证文献，从中我们可以发现，外资银行在效率方面是否存在比较优势这一问题在跨国的实证研究中存在较大的分歧。

表 4.1　产权结构与银行效率的代表性文献

作者	国家	时期	效率指标	结论
Nikiel 和 Opiela（2002）	波兰	1997～2000 年	成本效率和利润效率	外资银行成本效率高于本地银行，但利润效率相反
Hasan 和 Marton（2003）	匈牙利	1993～1997 年	成本效率和技术效率	外资银行和外资参股银行的效率要高于本地银行
Sturm 和 Williams（2004）	澳大利亚	1998～2001 年	技术效率、纯技术效率、规模效率和生产率	在金融自由化时期，外资银行效率高于本地银行

续表

作者	国家	时期	效率指标	结论
Matthews 和 Ismail (2006)	马来西亚	1994~2000 年	技术效率、纯技术效率、规模效率和生产率	外资银行效率高于本地银行
Isik (2007)	土耳其	1981~1990 年	生产率	外资银行效率大于本地私有银行和国有银行
Hadad et al. (2008)	印度尼西亚	2007 年	技术效率	国有银行技术效率高于外资银行
Kyj 和 Isik (2008)	乌克兰	1998~2003 年	技术效率、纯技术效率和规模效率	外资银行效率和本地银行效率没有显著差别
Berger et al. (2009)	中国	1994~2003 年	成本效率和利润效率	外资银行效率高于本地银行
Staub et al. (2010)	巴西	2000~2007 年	成本效率、配置效率、技术效率	国有银行效率高于外资银行和私有银行
Fethi et al. (2011)	埃及	1984~2002 年	技术效率和生产率	国有银行效率高于外资银行和私营股份制银行

二是金融市场化改革与银行效率。为了消除金融抑制，世界上许多国家，特别是发展中国家，从 20 世纪 70 年代开始，掀起了一波又一波的金融市场化改革浪潮。但是金融市场化改革政策对银行效率的影响在学术界存在争议。一方面，金融市场化改革旨在通过消除政府在金融领域的干预来重塑价格机制，改善市场竞争条件，从而促使银行积极降低管理成本，提高公司治理和风险管理水平，创新金融产品和服务，进而提高银行经营管理效率（Denizer et al.，2007）。另一方面，Stiglitz et al.（2000）认为金融市场化改革没有解决信息不对称，反而通过促进银行竞争减少了关系型贷款，而这会增加信息搜集成本，即增加了银行维护老客户和开拓新客户的支出，从而降低银行成本效率（Ali and Sghaier，2012）。

　　在实证方面，金融自由化对银行效率影响的结论并不确定（见表4.2）。总体来看，金融自由化对银行效率的影响依赖每个国家特定的经济环境，不稳定的宏观环境和落后的制度都会降低金融自由化对银行效率的促进效应。金融自由化降低了银行效率，部分原因是金融自由化短期内会导致信贷配给、高利差和信贷质量恶化（Musonda，2008）。

表4.2　金融自由化与银行效率的代表性文献

作者	国家	时期	效率指标	结论
Ataullah et al.（2004）	印度、巴基斯坦	1988～1998年	技术效率、纯技术效率、规模效率	金融市场化改革后，两国银行业的效率得到明显改善
Nguyen 和 Williams（2005）	东南亚五国	1990～2002年	利润效率	从1996年开始，金融自由化显著地提升了东南亚五国银行业的利润效率
Fries 和 Taci（2005）	15个东欧转型国家	1994～2001年	成本效率	伴随着金融改革推进，转型经济体的银行业效率急剧恶化
Figueira 和 Nellis（2007）	西班牙、葡萄牙	1992～2003年	技术效率、生产率	金融自由化改革显著地提高了两国银行业效率和生产率
Ariss et al.（2007）	6个海湾国家	1999～2004年	成本效率、配置效率、技术效率、纯技术效率、规模效率	在金融自由化时期，六国银行业效率都经历了不同程度的下降
Brissimis et al.（2008）	欧盟十国	1994～2005年	技术效率、生产率	银行改革促进了欧盟十国银行业效率和生产率提高
Koutsomanoli-Filippaki et al.（2009）	4个欧洲经济共同体	1999～2003年	利润效率	金融改革显著地提高了银行利润效率

作者	国家	时期	效率指标	结论
Hermes 和 Nhung（2010）	拉美十国	1991～2000 年	技术效率、纯技术效率和规模效率	金融自由化显著地提高了拉美十国银行业的经营效率
Hermes 和 Meesters（2015）	61 个国家	1996～2005 年	成本效率	金融市场化改革显著地提高了银行效率

　　三是银行市场结构与银行效率。根据产业组织理论，银行市场结构一般可划分为完全竞争市场、垄断竞争市场、寡头市场和完全垄断市场四种类型。银行市场结构与银行效率两者关系的理论假设主要有三种。①"安逸生活假说"认为如果银行拥有垄断市场势力，那么银行管理层就可能通过挥霍或偷懒坐享垄断租金，从而享受安逸生活（Hicks，1935），管理层的这些行为无疑会增加银行经营成本，给银行带来效率损失。②"银行特质假说"认为金融稳定的特殊要求和信息不对称的行业特性，使得银行业不可能成为一个完全竞争的产业。为了缓解银企信息不对称，银行往往通过边贷边学（learning by lending）来积累企业的私有信息，并在长期业务往来中与企业建立一种合作关系，银行竞争会破坏这种关系链（信息链），增加信息搜集成本，降低成本效率（Sghaier and Ali，2012）。③"效率结构假说"认为效率较高的银行可以获得更大的市场份额，从而更加有利于其市场集中度的提高，即银行市场结构与银行效率之间存在反向因果关系。Berger 和 Hannan（1997）基于 1980～1989 年 5000 家美国银行的数据实证发现，随着银行市场集中度的上升，银行成本效率出现下降。Punt 和 Van Rooij（2003）利用西德和欧洲银行业数据实证时也得到了类似的结论。

　　最近，金融风险对银行效率的影响也受到了学者的关注。Saeed 和 Izzeldin（2012）对海湾国家银行业数据的实证分析发现，银行风险显著地降低了银行效率，并且银行非效率反过来会提高银行风险，两者呈现相互影响的关系。Moradi-Motlagh 和 Babacan（2015）基于 2006~2012 年澳大利亚的银行业数据，发现 2008 年全球金融危机显著地降低了银行效率，并且只有小银行之间的兼并重组才能提高效率。Mamatzakis et al.（2015）利用 2000~2012 年日本银行业的数据发现，重组贷款对银行效率的影响为负向的，而破产贷款对银行效率的影响为正向的。此外，也有一些学者研究了银行业模式、销售网络和地区宗教因素等对银行效率的影响（Beck et al.，2013；Eskelinen and Kuosmanen，2013）。

就国内研究而言，伴随着我国金融改革持续深入推进，商业银行市场化改革对银行效率的影响成为众多学者研究的热点。张健华和王鹏（2009）研究发现，金融体制变革对中国银行业技术效率的提高起着重要的促进作用，特别是 2004 年以前国内各类银行的技术效率呈明显上升趋势，此外，对四大国有商业银行来讲，制度变革的影响在 2006 年以后又有明显的体现。何蛟等（2010）发现我国银行业实施的"财务重组—引入战略投资者—上市—完善治理制度"改革在改善银行成本效率的同时，促进了银行利润效率的提升。李平等（2013）发现国有大型银行的资产重组和股份制改革并没有缩小其与股份制银行及城商行在效率方面的差距，但剥离不良资产的行为带来了技术效率的提高，而政府鼓励引进的境外战略投资者又促使中资商业银行提高了其资源配置效率。毛洪涛等（2013）发现，战略引资和 IPO 都具有明显的"选择效应"，引入境外战略投资者降低了引资银行的效率，IPO 在短期内提高了银行效率，在长期内却减损了银行效率。

二　银行监管对银行效率的影响

商业银行作为一种经营货币的特殊企业，在保持一定水平的安全性和流动性的前提下，通过资产负债业务的优化配置和适当的风险管理来实现用尽可能低的投入来获取尽可能多的产出的目标，而银行效率就是对其降低投入、提高产出实现程度的测度。银行效率本质上反映的是银行投入产出的对比关系，是对其资产负债的有效配置和风险管理能力的总称。因此，银行监管对银行效率的影响主要体现在银行监管通过改变银行资产负债配置和风险行为来影响银行投入产出比，进而对银行经营效率产生影响。

具体到资本监管，资本监管可以通过改变信贷数量和质量、资产组合、融资结构来影响银行投入产出比，进而提高或降低银行效率（Pasiouras et al.，2009）。一般来说，商业银行可以通过扩大分子和缩小分母两种策略来提高资本充足水平、满足资本监管要求。但是，由于投资者和银行之间存在较严重的信息不对称，银行通过资本市场融资来补充资本的分子策略面临较大的困难，降低风险加权系数较高的资产比重、调整资产结构的分母策略被普遍运用（吴纬，2011）。分母策略的资产结构调整行为主要包括信贷紧缩（商业银行主动减少信贷供给）、小企业信贷歧视和增持低风险资产（Kishan and Opeila.，2000；Chiuri et. al.，2002；Francis and Os-bome，2009；熊启跃，2013）。不同资产的风险收益存在较大差别，匹配的融资类型也不同，资产结构的调整势必会给银行投入产出或成本收益带来影响，从而影响到银行效率。此外，信贷质量和资产风险也会通过"糟糕管理"假说、"成本克扣"假说和"厄运"假说对银行效率产生影响（Berger and De Young，1997）。Chortareas et al.（2012）基于22个欧洲国家2000~2008年银行业数据发现，资本监管促进银行效率增加，并且这种促进效应在制度先进的国家更明显。

Barth et al.（2005）曾经就银行经营限制对银行发展影响的理

论机制进行过分析。首先，银行监管对于银行拥有非金融企业及参与证券市场、保险业以及房地产等经营活动的限制，会使银行不能够充分利用规模经济和范围经济降低信息搜集成本、增加声誉资本以及为客户提供一系列广泛金融服务（Laeven and Levine，2007）。其次，银行经营限制会使银行不能通过业务多样化来提高收益、降低风险，进而削弱了银行特许权价值，而这最终会降低对银行提高经营效率行为的激励。最后，私人利益假说认为，对银行经营活动的限制会给监管者创造寻租机会，从而不利于银行效率提高（Djankov et al.，2002）。但是，也有一些研究认为对银行经营业务的限制会提高银行效率。允许银行参与种类繁多而又复杂的非信贷活动可能会增加银行冒险机会并放大道德风险问题，从而对银行公司治理产生负面影响（Boyd et al.，1998）。同时，放松对银行经营业务的管制会助推大而复杂的金融集团形成，从而加大监管难度并易于出现"大而不倒"（Laeven and Levine，2007）。Pasiouras et al.（2009）基于74个国家2000～2004年615家银行的数据发现，经营管制降低了银行成本效率，但是提高了利润效率。Chelo V. 和Manlagnit（2015）基于菲律宾2001～2011年17家商业银行数据发现，对银行经营活动的管制不利于银行效率的提高。

市场监督和政府监管对银行效率的影响在学界存在很大的争议。公共利益说认为，由于金融市场本身存在重大缺陷，政府有动力和能力通过对银行的监管来防范市场失灵，进而提高银行运营效率，以增加社会福利。但是私人利益说认为，由于监管者不是银行的股东，其在监管银行时存在"激励不相容"，监管效率大打折扣。特别是监管俘获（Regulatory Capture）理论认为，银行监管的目的是通过监管使银行家和权势集团的利益最大化，公共利益服务只是一个冠冕堂皇的理由（Barth，2005）。因此，私人利益说更强调依赖市场纪律、信息披露、监管当局的"轻柔之手"（light hand）和对监管过程本身加强监管（Shleifer，2005）。

综上所述，现有实证研究主要是从产权结构、银行市场结构和金融市场化改革等方面研究银行内外部因素对银行效率的影响，而关于银行监管对银行效率的影响研究大多是以理论模型和定性分析为主，实证研究还十分有限。本书基于全球 2000～2010 年 121 个国家 1024 家银行的微观数据，利用世界银行银行监管数据库中的调查数据构建各国银行监管变量指标，从经营限制、资本监管、政府监管权力和市场监督四个维度来研究世界各国银行监管政策对银行风险的影响，为从效率的视角评估银行监管的有效性进行了初步的探索。

第二节　银行效率分析框架

银行效率测度是实证分析银行监管对银行效率影响的重要前提。现有效率测度理论的主要思路是从投入产出比的视角出发，通过单一的财务指标法或基于经济计量的综合指数评价法来构建银行效率评价指标。早期学者主要是利用财务指标，如利润率或资产收益率等指标来评价银行经营管理效率的高低。但随着银行经营管理综合化和复杂化，越来越多的学者开始利用计量统计方法，构造能够静态或动态反映银行效率值大小的指标。

根据技术效率测度理论的原理，银行效率的测度方法主要有财务指标法和生产前沿分析法两种。前者主要是利用商业银行的一些财务指标，诸如平均利润率、资产回报率和资本充足率等来衡量银行经营管理效率。财务指标法在选取数据过程中存在随意性和共线性等问题，特别是不能综合全面地反映银行的经营管理效率。因此，随着效率理论和模型的日益丰富，越来越多学者开始运用生产前沿分析法来测度银行效率。

生产前沿分析法是通过比较单家银行与生产前沿面的效率银行的相对差距来评价银行的效率。其中，生产前沿面的效率银行是指在既定的技术水平和相似的市场条件下，达到最优生产经营行为的银行。根据是否需要设定具体的生产前沿函数，生产前沿分析法可以分为参数法和非参数法两种。参数法沿袭了传统生产函数的估计思想，即运用极大似然估计法对先前确定或构造的一个具体函数的相关参数进行估算。而非参数法是根据投入和产出数据集构造出一个包络所有投入产出数据集的生产前沿面。

一 参数法

在利用参数法对银行效率进行测度时，首先要假定具体的生产函数形式，然后基于大样本数据去计量该生产函数中的各个参数，并根据误差项来计算每家银行的效率值。参数法一般可以分为确定性方法和随机方法两种类别。前者假设误差项源于人为可控的因素，即技术无效率，被评价银行与生产前沿面的效率银行之间的差值就服从单一函数分布。而后者假设误差不仅来自人为可控的技术无效率误差，还源于不可控的随机误差，这两个误差项分别服从单边和双边概率分布。

参数法中的随机方法根据生产函数中无效率项分布的不同假设条件，又可以分为随机前沿法（SFA）、后边界分析法（TFA）、自由分布法（DFA）和递归后边界法（RTFA）。其中，随机前沿法是应用最为广泛的参数法，其他的参数法都由此演变而来。随机前沿生产模型最早是由 Aigner et al.（1977）提出的，主要是利用计量经济建模的思路，将生产函数的误差项分解为随机误差和技术无效率两部分。基本模型形式如下：

$$Y_i = \beta X_i + (V_i - U_i) \qquad i = 1, \cdots, N \qquad (4.1)$$

其中，Y_i 为产出向量，X_i 为投入向量，β 是待估计参数向量。V_i 是随机变量，代表影响生产活动的随机因素。U_i 是非负的随机变量，代表管理无效率，因此决策单元 i 的技术效率可以表示为 $TE_i = \exp(-U_i)$。当 $U_i = 0$ 时，$TE_i = 1$，该决策单元就恰好处于生产前沿面上，即为技术效率状态；当 $U_i > 0$ 时，该决策单元处于生产前沿面的下方，说明处于非效率状态。

Battese 和 Coelli（1992）在上述模型的基础上提出了一个适用于面板数据的模型，这个改进模型可以表示为：

$$Y_{it} = \beta X_{it} + (V_{it} - U_{it}) \qquad i = 1, \cdots, N; \ t = 1, \cdots, T \qquad (4.2)$$

其中，Y_{it} 是第 i 个决策单元在 t 时期的产出向量；X_{it} 是第 i 个决策单元 t 时期的投入向量；V_{it} 是随机变量，服从正态分布 N $(0, \delta_v^2)$，且独立于 U_{it}。

$$U_{it} = U_i \exp[-\eta(t - T)] \qquad (4.3)$$

U_{it} 是代表技术无效率的非负随机变量，服从零处截尾的正态分布 N (μ, σ_u^2)，t 表示时间趋势，η 是待估计参数。对式（4.2）进行最大似然估计，并使用似然比检验，可以确定合适的参数模型，进而计算出决策单元 i 在任一时期 t 的技术效率。同时，还可以进一步对技术无效率项影响因素进行估计，但是这样会存在二阶段估计的偏差问题。因此，Battese 和 Coelli（1995）对上述模型进行了扩展，提出了通过一阶段估计直接得出效率及效率影响因素的参数估计结果。具体模型如下：

$$Y_{it} = \beta X_{it} + (V_{it} - U_{it}) \qquad i = 1, \cdots, N; \ t = 1, \cdots, T \qquad (4.4)$$

U_{it}服从零处截尾的正态分布 N（m_{it}，σ_u^2），$m_{it} = \delta z_{it}$，z_{it}是影响决策单元效率因子的 $p \times 1$ 阶向量，δ 是一个 $1 \times p$ 阶的待估参数向量。

二 非参数法

非参数法是效率测度的另一种重要方法，其基本原理是：集合一组投入产出数据作为决策单元（DMU），利用线性规划构造出生产前沿面，然后将各个 DMU 投影到该生产前沿面上，通过比较决策单元与生产前沿面的偏离程度来计算各个决策单元的技术效率。其中，数据包络分析法（DEA）是最常用的非参数法。Charnes、Coopor 和 Rhodes 于 1978 年创立了第一个数据包络分析模型，即 CCR 模型。该模型构建的思路如下。

假设我们要测量一组共 I 家银行的技术效率，每一家银行有 M 个投入、N 个产出，则可以用 X_i 和 Y_i 分别来表示第 i 家银行的投入与产出：

$$X_i = (X_{1i}, X_{2i}, \cdots, X_{mi}), Y_i = (Y_{1i}, Y_{2i}, \cdots, Y_{ni})$$
$$i = 1, 2, \cdots, I \tag{4.5}$$

对于任何一家银行 i 而言，产出投入比为 $u'Y_i/v'X_i$，μ 是一个 $M \times 1$ 阶的向量，表示产出权重；v 是一个 $N \times 1$ 阶的向量，表示投入权重。假定规模报酬不变，可以用如下数学规划计算最优权重：

$$Max(u'Y_i/v'X_i)$$
$$s.t. \quad u'Y_i/v'X_i \leqslant 1 \quad i = 1, 2, \cdots, I$$
$$v'X_i = 1$$
$$u, v \geqslant 0 \tag{4.6}$$

其对偶模型为：

$$\text{Min}\theta$$

$$\text{s. t.} \quad \lambda X - \theta X_i \leqslant 0 \quad i = 1, 2, \cdots, I$$

$$\lambda Y - Y_i \geqslant 0$$

$$\lambda \geqslant 0 \tag{4.7}$$

模型（4.7）的目标函数最优解 θ 值就是第 i 家银行的效率值，θ 越小，表示在不降低产出水平条件下，投入能够缩减的幅度就越大，即效率越低。$\theta = 1$ 说明银行处于生产前沿面上，在不减少产出的条件下，其各项投入没有等比例下降的空间，处于技术有效率的状态。

CCR 模型假设规模收益不变（Constant Returns to Scale，CRS），其得出的技术效率包含了规模效率的部分，因此通常被称为综合技术效率。然而，金融市场由于存在不完全竞争、监管限制和财务条件约束，一般会使银行不能以最优规模运转。Banker et al.（1984）对 CCR 模型进行调整来应对规模报酬可变的情况，提出了 BCC 模型。该模型是在 CCR 对偶模型的基础上增加了一个凸集约束 $I'\lambda = 1$，其作用是使投影点的生产规模与被评价银行的生产规模处于同一水平。

$$\text{Min}\theta$$

$$\text{s. t.} \quad \lambda X - \theta X_i \leqslant 0 \quad i = 1, 2, \cdots, I$$

$$\lambda Y - Y_i \geqslant 0$$

$$I'\lambda = 1$$

$$\lambda \geqslant 0 \tag{4.8}$$

其中，I 是 $I \times 1$ 阶的向量。BCC 模型由于基于规模收益可变（Variable Returns to Scale，VRS），得出的技术效率排除了规模的影响，因此被称为纯技术效率（Pure Technical Efficiency，PTE）。

相较于参数法，DEA 方法在测度银行效率时存在比较明显的优势，主要体现在：能够较好地处理银行经营管理中多投入多产出的现实情况；不以估计总体参数为目的，不需要对前沿生产函数进行具体估计；不用对银行多投入和多产出进行标准化处理，避免了数据处理的不统一性等。因此，DEA 方法被广泛运用于银行效率的研究。

需要指出的是，在运用 DEA 模型进行银行效率评价时，面临选择投入导向还是产出导向的问题。投入导向是指在保持产出不变的情况下，选择如何尽可能缩减投入来使效率达到最优。而产出导向是指在保持投入不变的情况下，选择如何尽可能扩大产出来使效率达到最优。Farrell（1957）指出在规模收益不变（CRS）的情况下，投入导向和产出导向的效率值是一样的；但是在规模收益可变（VRS）的情况下，两者的值并不一样。银行作为一种经营货币信用的特殊企业，在进行投入产出选择的时候，往往把控制投入作为首要考虑因素，国内外大多数关于银行效率的测度研究也通常选择投入导向模型。因此，本书在对银行效率进行测度时，选择非参数法的投入导向 CCR 和 BBC 模型。

三 银行效率的测度

（一）投入与产出指标的选择

在对商业银行进行效率评价时，一个关键的步骤是要对银行投入产出指标进行界定，不同的投入产出指标组合会导致银行效率分析结果不同。与一般的工商企业不同，银行的投入和产出具有相当大的模糊性、非实物性和异质性等特征，因而学术界对银行投入产出变量的选取也一直存在争议，大体可以分为生产法（Production Approach）、中介法（Intermediation Approach）和资产法（Asset Approach）三种。生产法将银行看成使用资本和劳动为借贷双方提供存贷款服务的一种企业，将劳动和资本视为银行投入要素，将贷款和存款的交易数量视为产出的产品。中介法则将银行看作为存款人和贷款人提供资金融通业务的中介机构，而不是存款和贷款的生产方，因而其将存款、劳动支出和固定资本等作为银行投入，将贷款和其他盈利资产等作为银行产出。资产法强调资金的运动和循环，将资产负债表中的存款、借款等负债项目作为投入指标，贷款和各项投资等资产项目作为产出指标。

综合来看，上述三种方法在定义银行投入产出方面各有利弊，学者们一般运用中介法或者将上述方法结合起来运用。李双杰和高岩（2014）对我国 2000～2012 年 1000 篇银行效率文献统计发现，有 76% 以上的文献采用中介法或是中介法与其他方法相结合的方式选择投入产出指标。表 4.3 列举了部分国内外学者在测度银行效率时选取的投入产出变量。从表 4.3 可以发现，无论是国内学者还是国外学者，大都使用中介法来选择银行投入产出变量，借鉴他们的研究，同时又结合数据的可得性和样本完整性等，本书选择员工薪酬、固定资产和存款作为银行投入变量，三者分别代表劳动投入、资本投入和资金投入；选择贷款总额和其他盈利资产作为产出变量。同时，为了弥补中介法中传统产出指标不能反映银行创新业务和中介业务的缺陷以及更好地体现该部分业务在银行经营过程中的重要性，我们增加了非利息收入这一产出变量。

表 4.3　国内外学者研究银行效率的投入产出变量

作者	投入变量	产出变量
王聪和谭政勋（2007）	营业支出、平均固定资产净值	营业收入、贷款总额、其他投资
张健华和王鹏（2010）	利息支出、非利息支出、固定资产净值	总贷款、总存款、其他收益资产、非利息收入

作者	投入变量	产出变量
姚树洁等（2011）	资金成本、劳动力成本	总贷款、其他盈利资产、存款
张强等（2012）	资产总额、分支机构数和员工人数	营业收入、贷款总额
魏琪等（2014）	资本总额、营业费用、存款总额	税前利润
Dietsch 和 Lozano-Vivas（2000）、Maudos et al.（2002）、Pasiouras et al.（2009）	存款和借款、非利息支出（扣除员工薪酬）、员工薪酬	贷款总额、存款总额、其他盈利资产
Staub et al.（2010）	利息支出、经营费用（扣除员工薪酬）、员工薪酬	贷款（扣除贷款损失准备）、证券投资、存款
Ray 和 Das（2010）	存款、借款、劳动、资本、权益	投资、总收入
Chortareas et al.（2012）	员工薪酬、固定资产、存款总额	贷款总额、其他盈利资产、中间业务收入
Casu et al.（2004）、Drake et al.（2006）	存款、员工薪酬、固定资产	贷款总额、其他盈利资产、其他运营收入
Hermes 和 Meesters（2015）	员工薪酬、利息支出、非利息支出（扣除员工薪酬）	贷款总额、其他盈利资产、非利息收入

（二）样本选择

本书的银行相关数据源于全球银行业 Bankscope 数据库，该数据库是由欧洲金融信息服务商 Bureau van Dijk（BvD）与银行业权威评级机构 Fitch Ratings（惠誉）合作开发的银行业信息库，目前囊括了2000~2015 年各国主要银行及世界重要金融机构与组织的经营和信用分析数据。考虑到 Bankscope 数据库调查信息主要是在 1999~2010 年采集的，本书将样本时间界定在 2000~2010 年。同时，考虑到 Bankscope 数据库中有很多银行的财务数据缺乏，本书剔除了时间跨度少于五年且存在大量数据缺失的样本，此外，本书还剔除了

Bankscope 数据库没有监测的国家的银行样本，最终得到包含 121 个国家[①]或地区的 2000~2010 年 1024 家银行 10631 个观测值的非平衡面板数据。

（三） 银行效率测度结果分析

由表 4.4 可知，样本期间银行技术效率（TE）和纯技术效率（PTE）的均值分别为 0.283 和 0.317，后者大于前者意味着规模效率小于 1，即银行可以通过扩大规模增加经营效率。分年份来看，银行技术效率和纯技术效率在 2008 年金融危机期间出现了较为明显的下降，同时 2008~2010 年银行技术效率和纯技术效率的标准差持续增加，说明全球银行之间的技术效率（纯技术效率）差距在逐渐缩小；从收入分组来看，样本期间高收入、中高收入、中低收入和低收入国家的银行技术效率均值分别为 0.290、0.258、0.219 和 0.195，这在一定程度上反映出银行技术效率与所在国的经济发展情况呈正相关；分地区来看，欧洲和北美地区的银行业技术效率均值为 0.324，分别高出拉丁美洲、亚太以及中东和非洲 0.056、0.091 和 0.108。

表 4.4　2000~2010 年全球银行效率值

年份	TE		PTE	
	均值	标准差	均值	标准差
2000	0.376	0.178	0.466	0.231
2001	0.297	0.104	0.217	0.204
2002	0.254	0.173	0.291	0.211
2003	0.159	0.119	0.208	0.192
2004	0.265	0.156	0.303	0.203
2005	0.285	0.157	0.327	0.210

---

① 考虑到 Bankscope 数据库中美国银行业一股独大，本书在样本选择中对其进行了剔除。

年份	TE		PTE	
	均值	标准差	均值	标准差
2006	0.309	0.149	0.333	0.183
2007	0.314	0.159	0.360	0.197
2008	0.242	0.140	0.290	0.187
2009	0.304	0.154	0.346	0.200
2010	0.308	0.169	0.351	0.214
按收入分组				
高收入	0.290	0.175	0.356	0.228
中高收入	0.258	0.181	0.305	0.216
中低收入	0.219	0.121	0.254	0.150
低收入	0.195	0.089	0.202	0.086
按地区分组				
亚太	0.233	0.131	0.300	0.191
拉丁美洲	0.268	0.201	0.306	0.230
中东和非洲	0.216	0.108	0.254	0.138
欧洲和北美	0.324	0.173	0.463	0.243

第三节　银行监管对银行效率影响的实证分析

一　计量模型

为了研究银行监管对银行效率的影响，本书在综合参考国内外银行效率影响因素的相关文献基础上，构建如下实证模型：

$$Y_{it} = \alpha + \sum_j \beta_j Reg_{jt} + \sum_r \delta_r Bank_{r,it} + \lambda Str_t + \varphi GDP_t + \varphi CPI_t + \mu_{it}$$

$$(4.9)$$

其中，Y_{it} 是被解释变量银行效率，分别用技术效率、纯技术效率和生产率等变量表示；$\sum_j Reg_{jt}$ 是一组银行监管变量，主要包括资本管制（Cap）、业务管制（Act）、政府监管权力（Sup）和市场监督（Mar）四个监管指数；$\sum_r \delta_r Bank_{r,it}$ 是一组银行特征变量，主要用来控制银行规模、盈利性、非利息业务、信贷风险、流动性和资本风险等银行个体变量对银行效率的影响；Str_t 是银行业市场结构，用银行所在国前三大银行的市场份额表示；GDP_t 和 CPI_t 分别表示银行所在国的经济增长和通货膨胀水平，用来控制国家宏观因素对银行效率的影响。上述变量的详细定义见表4.5。

表4.5　主要变量的定义

变量	符号	定义
技术效率	Te	详细定义见本章第二节
纯技术效率	Pte	详细定义见本章第二节
资本管制	Cap	详细定义见本章第三节
业务管制	Act	详细定义见本章第三节
政府监管权力	Sup	详细定义见本章第三节
市场监督	Mar	详细定义见本章第三节
银行规模	$Size$	用银行资产规模的对数表示
盈利性	Roa	用银行平均资产收益率表示
信贷风险	Llr	用贷款损失准备金与信贷总额比值表示
流动性	Liq	用流动性资产与总资产的比值表示
非利息业务	Nii	用非利息收入占总收入的比值表示
资本风险	$Equity$	用所有者权益与总资产之比表示
银行集中度	$CR3$	前三大银行的资产与该国全部银行资产的比值
经济增长	GDP	人均 GDP 增长率
通货膨胀	CPI	用各国 CPI 表示，衡量国别间宏观经济稳定性状况

由于被解释变量银行效率是一个截取变量，效率值在 0 和 1 之外被截断，如果直接用最小二乘法回归，参数的估计可能存在偏差和不一致的问题。Tobin（1958）结合 Probit 模型和多次回归法提出了 Tobit 回归模型，该模型是为了处理样本数据的因变量为截断数据或审查数据（Truncated or Censored Data）的一种模型，采用极大似然估计法（MLE）对变量参数进行估计。其标准模型如下：

$$Y_i^* = X_i'\beta + e_i, \qquad \mu_i \sim N(0, \sigma^2)$$

$$Y_i = \begin{cases} X_i'\beta + e_i & \text{当 } X_i'\beta + e_i > 0 \\ 0 & \text{当 } X_i'\beta + e_i \leq 0 \end{cases} \qquad (4.10)$$

其中，Y_i^* 是潜变量（Latent Dependent Variable），Y_i 是实际观察的因变量。当 $Y_i = 0$ 时，其概率密度函数为：

$$P(Y_i = 0) = P(\varepsilon_i < -X_i'\beta) = P\left(\frac{\varepsilon_i}{\delta} < \frac{-X_i'\beta}{\delta}\right) = 1 - F\left(\frac{X_i'\beta}{\delta}\right) \quad (4.11)$$

当 $Y_i^* = Y_i$，就有 Y_i^* 的概率密度函数，即 $P(Y_i > 0) = \dfrac{1}{\sqrt{2\pi}\sigma}$ $e^{-(Y_i - X_i'\beta)^2/(2\sigma^2)}$。由此可以得到全体样本的似然函数：

$$l = \prod_{n_0}(1 - F_i) \prod_{n_1}(2\pi\sigma^2)^{-\frac{1}{2}}\exp\left[-(Y_i - X_i'\beta)^2/(2\sigma^2)\right] \quad (4.12)$$

进一步，将式（4.12）对数化可得：

$$\ln l = l = \sum_{n_0}\ln(1 - F_i) - \frac{n_1}{2}\ln\sigma^2 - \sum_{n_1}(Y_i - X_i'\beta)^2/(2\sigma^2) \quad (4.13)$$

最大似然估计方法就是要求 $\hat{\beta}$、$\hat{\sigma}^2$，使得 $L(\hat{\beta}, \hat{\sigma}^2) = \max L(\beta, \sigma^2)$，这样得到的估计结果将是无偏的。

二　实证分析

为检验银行监管下商业银行技术效率的影响因素，将本章第二节测度的 2000 ~ 2010 年各样本银行的技术效率值（技术效率和纯技术效率）作为被解释变量，本书选择银行监管变量、银行个体特征变量、银行市场结构变量和宏观经济变量作为解释变量，利用 Tobit 方法对模型（4.9）进行回归。由表 4.6 的 Tobit 回归分析结果可以看出，回归模型总体显著，回归分析具有意义。

资本管制系数在 1% 置信水平下与银行技术效率显著正相关，这说明资本管制对银行技术效率的提升具有显著的促进效应。该结论与 Demirguc-Kunt 和 Huizinga（1999）、Berger 和 Di Patti（2006）强调较高的资本要求有利于提高银行风险管理水平，进而促进银行有效经营的观点是一致的。因此，本书的研究结果从效率的视角，为《巴塞尔协议》第一大支柱的有效性提供了跨国层面的经验支持。

业务管制系数在 1% 置信水平下与银行技术效率显著负相关，这说明对银行经营活动的约束会阻碍银行技术效率的提高。这是因为放松对银行经营活动的管制有利于促进银行更多地利用规模经济和范围经济为客户提供广泛的金融服务，从而改善银行的经营效率（Barth et al.，2004，2005；Demirguc-Kunt et al.，2004）。因此，从银行经营效率的角度出发，我们的结论在一定程度上支持商业银行的混业经营。

政府监管权力系数在 1% 置信水平下与银行技术效率显著正相关，说明加强政府监管有利于银行技术效率的改善。我们的结论支持公共利益假说强调的政府监管能够通过克服信息摩擦、减少信贷发放的腐败以及改善银行治理来提高银行经营效率（Stigler，1971；Beck et al.，2006）。因此，我们的研究也为《巴塞尔协议》第二大支柱提供了跨国层面的实证支持。

市场监督系数在 1% 置信水平下与银行技术效率显著负相关，这说明市场监督不仅没有提高银行技术效率，反而显著地降低了银行技术效率。我们的结论不支持私人利益假说强调的通过加强信息披露和市场约束机制来提高银行技术效率。可能的原因有两个。一是市场监督对银行技术效率的影响是间接的，依赖所披露信息的质量以及所在国的制度环境等一系列特定条件。Barth et al.（2005）、Thangavelu 和 Findlay（2010）等认为在资本市场不发达、会计准则不健全和法律体系不完善的国家，对市场监督的依赖将导致对小储户的剥削，并导致银行发展缓慢。二是旨在加强信息披露的市场监督要求银行投入相当的人力、物力和财力用于信息搜集整理以及相关评级，而这些成本会增加银行投入，在一定程度上会降低银行技术效率。Chortareas et al.（2012）基于 22 个欧洲国家 2000～2008 年的银行业数据也发现，市场监督显著地提高了银行非效率水平。

表 4.6 银行监管与银行技术效率的回归结果

	（1）	（2）	（3）	（4）	（5）
Cap	0.00383*** (4.44)				0.00254*** (2.94)
Act		-0.00332*** (-5.75)			-0.00193*** (-3.26)
Sup			0.00367*** (6.87)		0.00380*** (7.02)
Mar				-0.0121*** (-8.60)	-0.0120*** (-8.23)
Size	0.00557*** (7.29)	0.00629*** (8.22)	0.00556*** (7.34)	0.00597*** (7.90)	0.00611*** (8.00)
Roa	0.124*** (2.74)	0.113*** (2.60)	0.105** (2.42)	0.1000** (2.30)	0.110*** (2.46)
Nii	0.0121** (2.05)	0.0117** (1.98)	0.0177*** (2.98)	0.0125** (2.13)	0.0176*** (2.98)
Llr	-0.0291 (-1.33)	-0.0312 (-1.43)	-0.0286 (-1.32)	-0.0393* (-1.82)	-0.0217 (-1.00)

续表

	（1）	（2）	（3）	（4）	（5）
Liq	0.0267*** （6.86）	0.0245*** （6.29）	0.0256*** （6.61）	0.0246*** （6.37）	0.0240*** （6.20）
Equity	0.213*** （12.33）	0.214*** （12.46）	0.208*** （12.10）	0.222*** （12.97）	0.208*** （12.13）
CR3	− 0.0497*** （ − 7.06）	− 0.0487*** （ − 6.98）	− 0.0611*** （ − 8.74）	− 0.0474*** （ − 6.84）	− 0.0488*** （ − 6.85）
GDP	0.0184*** （18.31）	0.0152*** （12.81）	0.0194*** （19.37）	0.0192*** （19.30）	0.0172*** （14.22）
CPI	0.0851*** （13.41）	0.0851*** （13.48）	0.0779*** （12.09）	0.0792*** （12.48）	0.0671*** （10.36）
_ cons	0.00412 （0.38）	0.0792*** （5.60）	− 0.0159 （ − 1.40）	0.0879*** （6.99）	0.0708*** （4.30）
sigma	0.100*** （102.77）	0.0999*** （103.14）	0.0998*** （103.18）	0.0996*** （103.16）	0.0988*** （102.74）
Log likelihood	4228.32	4262.99	4270.02	4283.24	4293.57

就银行特征变量而言，银行规模和盈利性的系数在 1% 置信水平下均显著为正，说明规模越大、盈利性越强的银行技术效率越高；非利息业务变量系数在 1% 置信水平下也显著为正，说明非利息业务的开展对银行技术效率的改善有明显的促进效应，特别是随着全球金融创新蓬勃发展，非利息收入在银行收入结构中所占的比重有望继续提高，这也就为未来银行技术效率的改善提供了可能。信贷风险的系数为负，但是不显著；流动性和资本风险的系数在 1% 置信水平下均显著为正，这说明流动性水平越高、资本实力越雄厚的银行技术效率越高。

银行集中度变量的系数在 1% 置信水平下显著为负，说明银行集中度越高，银行技术效率就越低，换言之，垄断性银行市场结构不利于银行技术效率的提高。宏观因素经济增长和通货膨胀变量系数均在1%置信水平下显著为正，说明宏观经济繁荣有利于银行技术效率的改善。

表4.7是被解释变量为银行纯技术效率的 Tobit 回归结果，从中我们可以发现，除列（5）外，资本管制和政府监管权力变量的系数均在1%置信水平下显著为正，而业务管制和市场监督变量的系数均在1%置信水平下显著为负，这些结论与表4.6的结果基本是一致的，说明资本管制和政府监管有利于银行效率的改善，而业务管制和市场监督对银行效率的影响为负的结论较为稳健。此外，表4.7中其他解释变量的符号和显著性与表4.6的结论也基本一致。

表 4.7　银行监管与银行纯技术效率的回归结果

	（1）	（2）	（3）	（4）	（5）
Cap	0.00321*** （2.82）				0.00144 （1.27）
Act		−0.00518*** （−6.86）			−0.00367*** （−4.71）
Sup			0.00529*** （7.56）		0.00547*** （7.70）
Mar				−0.0125*** （−6.76）	−0.0113*** （−5.87）
Size	0.0333*** （33.24）	0.0340*** （34.01）	0.0329*** （33.17）	0.0334*** （33.64）	0.0339*** （33.77）
Roa	0.110* （1.85）	0.112** （1.97）	0.100* （1.76）	0.0966* （1.70）	0.0992* （1.69）
Nii	0.0451*** （5.84）	0.0446*** （5.80）	0.0533*** （6.88）	0.0457*** （5.95）	0.0529*** （6.85）
Llr	0.0173 （0.60）	0.0185 （0.65）	0.0223 （0.79）	0.00720 （0.25）	0.0310 （1.09）
Liq	0.0565*** （11.06）	0.0538*** （10.59）	0.0556*** （10.97）	0.0548*** （10.81）	0.0524*** （10.34）

续表

	（1）	（2）	（3）	（4）	（5）
Equity	0.359***	0.355***	0.347***	0.365***	0.349***
	（15.84）	（15.82）	（15.40）	（16.23）	（15.49）
CR3	−0.0772***	−0.0716***	−0.0902***	−0.0732***	−0.0783***
	（−8.36）	（−7.84）	（−9.85）	（−8.04）	（−8.35）
GDP	0.0194***	0.0142***	0.0207***	0.0203***	0.0165***
	（14.70）	（9.12）	（15.75）	（15.52）	（10.36）
CPI	0.00839	0.00785	−0.00227	0.00282	−0.0132
	（1.01）	（0.96）	（−0.27）	（0.34）	（−1.56）
_cons	−0.171***	−0.0662***	−0.211***	−0.0883***	−0.0920***
	（−12.04）	（−3.57）	（−14.08）	（−5.34）	（−4.24）
sigma	0.131***	0.130***	0.131***	0.131***	0.130***
	（103.42）	（103.86）	（103.90）	（103.87）	（103.40）
Log likelihood	2811.81	2861.72	2865.76	2860.05	2875.28

三　稳健性检验

（一）分区间：金融危机前后

考虑研究期间内发生过一次严重的金融危机，为了检验上述结论是否因为金融危机而发生改变，我们将样本分为 2000～2007 年和 2008～2010 年两组，两组的回归结果见表 4.8。

表 4.8　金融危机前后银行监管与银行效率的回归结果

	2000～2007 年		2008～2010 年	
	纯技术效率	技术效率	纯技术效率	技术效率
Cap	0.00328***	0.00268**	−0.00262	−0.00561**
	（3.26）	（2.04）	（−1.37）	（−2.10）
Act	−0.00408***	−0.00542***	−0.00368***	−0.00548***
	（−5.13）	（−5.23）	（−3.78）	（−4.04）
Sup	0.00374***	0.00634***	−0.000620	−0.000753
	（5.82）	（7.57）	（−0.50）	（−0.43）

	2000～2007 年		2008～2010 年	
	纯技术效率	技术效率	纯技术效率	技术效率
Mar	−0.0144*** (−8.21)	−0.0138*** (−6.08)	−0.0000740 (−0.03)	−0.000663 (−0.17)
Size	0.00714*** (7.30)	0.0360*** (28.30)	0.00489*** (4.06)	0.0317*** (18.89)
Roa	0.392*** (5.06)	0.388*** (3.89)	−0.0464 (−0.95)	−0.0862 (−1.26)
Nii	0.00507 (0.61)	0.0512*** (4.78)	0.00755 (0.95)	0.0277*** (2.50)
Llr	−0.0208 (−0.75)	0.0289 (0.81)	−0.00739 (−0.21)	−0.0313 (−0.62)
Liq	0.0286*** (6.06)	0.0575*** (9.40)	0.00371 (0.56)	0.0299*** (3.25)
Equity	0.254*** (11.60)	0.402*** (14.12)	0.145*** (5.24)	0.243*** (6.28)
CR3	−0.0395*** (−4.40)	−0.0638*** (−5.45)	−0.0532*** (−4.51)	−0.0864*** (−5.25)
GDP	0.0100*** (6.24)	0.0118*** (5.65)	0.0222*** (10.38)	0.0200*** (6.71)
CPI	0.160*** (12.16)	0.0243 (1.44)	0.0240* (1.90)	−0.0181 (−1.03)
_cons	0.149*** (7.04)	−0.0670*** (−2.43)	0.0932** (2.73)	−0.00369 (−0.08)
sigma	0.104*** (84.01)	0.135*** (84.92)	0.0827*** (59.45)	0.115*** (59.15)
Log likelihood	2561.85	1665.91	1894.44	1285.91

由表 4.8 可知，除了业务管制变量系数在金融危机前后保持一致的符号和显著性外，其他银行监管变量系数在金融危机后都变得不显著。具体来说，在金融危机发生前，资本管制和政府监管权力

的系数均显著为正，而业务管制和市场监督的系数均显著为负，这表明在金融危机发生前的组别中资本管制和政府监管有利于银行效率的提升，业务管制和市场监督降低了银行效率；在金融危机发生后，银行监管变量系数符号都为负，但只有业务管制变量呈现稳健的显著性，其他变量基本都不显著，这说明业务管制在金融危机后仍然显著地降低银行效率，而资本管制、政府监管权力和市场监督在金融危机后对银行效率的影响不再显著。

综合上述结论发现，业务管制对银行效率的影响没有因为金融危机发生改变，而在金融危机发生后，其他银行监管变量对银行效率的影响不再显著。

（二）加入制度控制变量

考虑到不同国家除了在经济增长和通货膨胀等宏观经济因素方面存在差别外，在政府治理和制度质量等方面也存在异质性，而根据法与金融学的观点，一个国家（地区）的制度质量会对当地金融发展或金融机构经营效率产生影响。因此，我们将制度质量引入控制变量，来检验前文结论是否稳健。衡量国家制度质量的指标有很多，世界银行开发的世界治理指标（Worldwide Governance Indicators，WGI）被认为是目前定量研究国家治理或制度质量的严谨度最高的指标。WGI 从 1996 年起对全球 200 多个国家的政治法律制度从 6 个方面进行了测度，主要包括：①腐败控制指标（$kcre$），它反映政府控制腐败的能力；②政府效能指标（$kgee$），反映政府公共服务部门的工作质量、效率以及独立性；③政治稳定指标（$kpve$），反映一国政治的稳定程度；④规制质量指标（$krge$），反映政府为促进私人部门发展而制定和执行良好政策的能力；⑤法制指标（$krle$），反映社会公众和组织对法律法规的信心以及遵守程度；⑥政治民主指标（$kvae$），反映公民参政议政言论自由的程度。这些指标的取值范

围为 - 2.5 ~ 2.5，数值越大，说明一国的政治法律制度越完善，即制度质量越高。

由表4.9和表4.10可知，将上述制度质量指标逐个引入回归模型后，除了资本管制变量在表4.10中（1）、（2）、（4）和（5）列不显著外，银行监管变量的系数符号和显著性在技术效率和纯技术效率模型中基本没有发生改变，说明我们关于银行监管对银行效率影响的结论总体较为稳健。此外，我们也发现，在技术效率和纯技术效率的回归方程中，各项制度指标的系数均在1%置信水平下显著为正，说明一个国家良好的制度环境有利于促进银行效率的改善。

表 4.9　引入制度因素的银行技术效率决定因素回归结果

	（1）	（2）	（3）	（4）	（5）	（6）
Cap	0.00192**	0.00218***	0.00266***	0.00242***	0.00199**	0.00253***
	(2.22)	(2.52)	(3.07)	(2.80)	(2.29)	(2.93)
Act	- 0.00142**	- 0.00163***	- 0.00186***	- 0.00166***	- 0.00176***	- 0.00159***
	(- 2.39)	(- 2.75)	(- 3.14)	(- 2.78)	(- 2.97)	(- 2.68)
Sup	0.00349***	0.00362***	0.00366***	0.00357***	0.00360***	0.00322***
	(6.47)	(6.71)	(6.70)	(6.56)	(6.65)	(5.86)
Mar	- 0.0131***	- 0.0122***	- 0.0118***	- 0.0123***	- 0.0123***	- 0.0117***
	(- 8.97)	(- 8.37)	(- 8.00)	(- 8.40)	(- 8.43)	(- 8.01)
Size	0.00665***	0.00626***	0.00636***	0.00622***	0.00612***	0.00669***
	(8.67)	(8.18)	(8.15)	(8.12)	(8.00)	(8.67)
Roa	0.117***	0.124***	0.110***	0.118***	0.121***	0.125***
	(2.61)	(2.77)	(2.46)	(2.62)	(2.70)	(2.79)
Nii	0.0167***	0.0165***	0.0174***	0.0174***	0.0166***	0.0178***
	(2.83)	(2.79)	(2.95)	(2.95)	(2.81)	(3.02)
Llr	0.00364	- 0.00589	- 0.0190	- 0.0107	- 0.00738	- 0.00295
	(0.17)	(- 0.27)	(- 0.88)	(- 0.49)	(- 0.34)	(- 0.13)
Liq	0.0259***	0.0263***	0.0240***	0.0244***	0.0260***	0.0256***
	(6.72)	(6.77)	(6.21)	(6.32)	(6.71)	(6.63)
Equity	0.214***	0.214***	0.210***	0.212***	0.214***	0.213***
	(12.54)	(12.48)	(12.22)	(12.35)	(12.46)	(12.45)

续表

	（1）	（2）	（3）	（4）	（5）	（6）
kcre	0.0171*** （6.91）					
kgee		0.0151*** （5.59）				
kpve			0.00365 （1.59）			
krqe				0.0104*** （3.41）		
krle					0.0117*** （4.89）	
kvae						0.0107*** （5.25）
CR3	− 0.0678*** （− 8.90）	− 0.0578*** （− 7.92）	− 0.0534*** （− 6.93）	− 0.0549*** （− 7.47）	− 0.0609*** （− 8.08）	− 0.0519*** （− 7.26）
GDP	0.00775*** （4.27）	0.00923*** （4.96）	0.0157*** （10.30）	0.0128*** （7.23）	0.0114*** （6.73）	0.0133*** （9.41）
CPI	0.0708*** （10.92）	0.0695*** （10.72）	0.0675*** （10.40）	0.0695*** （10.67）	0.0690*** （10.65）	0.0708*** （10.88）
_ cons	0.162*** （7.70）	0.138*** （6.79）	0.0831*** （4.56）	0.109*** （5.48）	0.129*** （6.36）	0.0974*** （5.67）
sigma	0.0984*** （102.69）	0.0986*** （102.69）	0.0988*** （102.68）	0.0988*** （102.69）	0.0987*** （102.69）	0.0986*** （102.69）
Log likelihood	4311.05	4302.89	4288.55	4293.12	4299.23	4301.07

表 4.10　引入制度因素的银行纯技术效率决定因素回归结果

	（1）	（2）	（3）	（4）	（5）	（6）
Cap	0.000439 （0.39）	0.000898 （0.79）	0.00179* （1.77）	0.00127 （1.11）	0.000546 （0.48）	0.00141** （2.24）
Act	− 0.00285*** （− 3.65）	− 0.00323*** （− 4.14）	− 0.00344*** （− 4.40）	− 0.00331*** （− 4.21）	− 0.00339*** （− 4.35）	− 0.00329*** （− 4.20）

续表

	（1）	（2）	（3）	（4）	（5）	（6）
Sup	0.00498***	0.00522***	0.00507***	0.00518***	0.00515***	0.00486***
	(7.02)	(7.35)	(7.05)	(7.24)	(7.24)	(6.71)
Mar	−0.0129***	−0.0114***	−0.0103***	−0.0115***	−0.0115***	−0.0107***
	(−6.70)	(−5.94)	(−5.34)	(−5.96)	(−6.03)	(−5.60)
Size	0.0346***	0.0340***	0.0345***	0.0339***	0.0338***	0.0344***
	(34.38)	(33.81)	(33.70)	(33.66)	(33.61)	(33.86)
Roa	0.111*	0.121**	0.101*	0.110*	0.118**	0.116**
	(1.89)	(2.06)	(1.73)	(1.86)	(2.00)	(1.97)
Nii	0.0513***	0.0512***	0.0525***	0.0527***	0.0512***	0.0531***
	(6.68)	(6.65)	(6.80)	(6.83)	(6.65)	(6.88)
Llr	0.0711***	0.0537*	0.0387	0.0449	0.0535*	0.0510*
	(2.48)	(1.88)	(1.36)	(1.56)	(1.87)	(1.77)
Liq	0.0554***	0.0556***	0.0523***	0.0529***	0.0556***	0.0541***
	(10.97)	(10.94)	(10.33)	(10.43)	(10.92)	(10.65)
Equity	0.358***	0.357***	0.355***	0.354***	0.358***	0.354***
	(16.00)	(15.87)	(15.74)	(15.69)	(15.89)	(15.73)
kcre	0.0272***					
	(8.37)					
kgee		0.0219***				
		(6.16)				
kpve			0.0114***			
			(3.76)			
krqe				0.0133***		
				(3.34)		
krle					0.0186***	
					(5.93)	
kvae						0.0115***
						(4.32)
CR3	−0.108***	−0.0913***	−0.0928***	−0.0863***	−0.0975***	−0.0817***
	(−10.85)	(−9.53)	(−9.18)	(−8.94)	(−9.87)	(−8.70)

续表

	(1)	(2)	(3)	(4)	(5)	(6)
GDP	0.00151	0.00500**	0.0119***	0.0108***	0.00725***	0.0123***
	(0.63)	(2.04)	(5.93)	(4.65)	(3.27)	(6.61)
CPI	−0.00686	−0.00930	−0.0116	−0.00972	−0.00966	−0.00877
	(−0.81)	(−1.10)	(−1.37)	(−1.14)	(−1.14)	(−1.03)
_cons	0.0538*	0.00600	−0.0532**	−0.0426*	0.00103	−0.0631***
	(1.94)	(0.22)	(−2.22)	(−1.63)	(0.04)	(−2.79)
sigma	0.129***	0.129***	0.130***	0.130***	0.129***	0.129***
	(103.36)	(103.36)	(103.34)	(103.35)	(103.36)	(103.35)
Log likelihood	2905.94	2890.06	2878.20	2876.73	2888.68	2880.46

第四节　本章小结

本章利用世界银行银行监管数据库中的调查数据构建银行监管变量指标，采用非参数法的 CCR 和 BCC 模型测算银行效率，选取 2000 ~ 2010 年全球 121 个国家 1024 家银行的微观数据，对银行监管背景下银行效率的影响因素进行了全面系统的实证分析。我们的研究结果如下。

（1）在采取更严格资本要求和有着更强政府监管权力的国家，银行资源配置能力更佳，银行经营效率更高，资本管制和政府监管权力的提升有利于银行效率增加。而在对银行经营活动有着更加严格限制和对银行向市场披露信息有着更加严格要求的国家，银行效率往往更低，业务管制和市场监督显著地降低了银行效率。因此，我们的研究结论从效率的视角，为《巴塞尔协议》第一大支柱和第二大支柱强调资本监管和政府监督检查能够对银行发展产生积极作用的观点提供了跨国层面的实证支持，但是没有为《巴塞尔协议》第三大支柱强调利用信息披露加强市场对银行的监管有利于促进银行发展的观点提供支持。与此同时，我们的结论在一定程度上也支持通过放松银行经营活动限制来鼓励银行充分利用规模经济和范围经济改善绩效。当控制了腐败控制、政府效能、政治稳定等制度质量指标之后，上述研究结果并没有发生改变，我们的研究结论较为稳健。

（2）从控制变量来看，银行自身特征、银行业结构和宏观经济因素均对银行效率产生了显著影响。具体来说，银行规模和盈利性与银行效率呈现显著正相关关系，即规模越大、盈利性越强的银行技术效率越高；非利息业务与银行效率也呈现显著正相关关系，说明非利息业务的开展对银行效率的提高有明显的促进效应，特别是随着全球金融创新蓬勃发展，非利息收入在银行收入结构中所占的比重有望继续提高，这也就为未来银行效率的提高提供了可能。流动性和资本风险提高对银行效率的影响为正。银行集中度与银行效率呈现显著的负相关关系，即垄断性银行市场结构降低了银行效率。宏观经济变量对银行技术效率的影响显著为正，说明宏观经济繁荣有利于银行技术效率的提高。

第五章　银行监管、制度环境与
银行风险

第一节　研究基础

2008 年金融危机爆发期间，大量的金融机构相继出现倒闭危机，部分发达国家的金融市场处于崩溃边缘，实体经济更是出现断崖式下滑，全球经济遭遇大萧条以来最严重的一次衰退。金融危机的巨大破坏性引发了学界和业界对金融危机成因的关注。金融监管大范围失败引起的过度冒险行为被公认为是金融危机产生的一个十分重要的原因（Dewatripoint et al.，2010；美国金融危机调查委员会，2011；Hoque et al.，2015）。美国金融危机调查委员会（2011）认为，美国证监会本可以要求大型投资银行持有更多的资本金，并叫停其自身的高风险投资行为；纽约联储银行和其他监管机构也本可以遏制导致花旗陷入危机的过激冒险行为；政策制定者和监管者本可以阻止抵押贷款证券化的失控，但它们都没有这样做。金融危机暴露的监管不当催生了旨在通过加强银行监管来增强银行风险抵御能力的《巴塞尔协议Ⅲ》。《巴塞尔协议Ⅲ》不仅对资本金数量和结构提出了更高的要求，还在风险覆盖范围和市场风险、操作风险的计量等方面进行了严格要求。

尽管业界对于利用银行监管降低银行风险抱有较大的希望，但是学界对于银行监管能否真正降低银行风险存在争议。典型的就是学者关于银行监管的核心方式——资本约束对银行风险行为的影响产生了两种截然相反的结论。Keeley 和 Furlong（1990）和 Berger et al.（1995）认为资本约束提高了股东的出资额度，增强了与债权人的激励相容。当银行发生违约时，股东的损失也会相应上升，股东就会有更强的动机遏制高风险的投资活动，因此资本监管要求显著地降低了银行风险水平。Jacques 和 Nigro（1997）基于美国银行业数据、Konishi 和 Yasuda（2004）基于日本银行业数据、Guidara et al.（2013）基于加拿大银行业数据以及张宗益等（2014）基于中国银行业的数据都证实了资本要求显著地降低银行风险水平。与这些研究结论完全相反的一种假说认为，资本要求提高会降低银行的特许权价值。为弥补持有高成本资本的价值损失，银行会"变本加厉"地从事高风险活动，因此其风险偏好水平反而会相应提高（熊启跃，2013）。Ayuso et al.（2004）基于西班牙银行业的数据实证发现，资本要求提高会显著增加银行风险承担水平。但也有一些研究的结论介于两者之间。Calem 和 Rob（1999）发现资本与银行风险行为之间存在 U 形关系，随着银行资本的增加，银行风险先降低后增加，当银行资本达到一定水平后，资本要求的增加可能致使银行追求更高的风险。Klomp 和 Haan（2012）对 21 个 OECD 国家 200 多家银行的实证发现，不同风险水平的银行对资本监管的反应是不同的，监管能降低高风险银行的风险水平，但对低风险银行没有显著影响。

除了资本监管外，监管当局对银行经营活动的管制也会对银行风险行为产生影响。公共利益论认为，政府可以通过对银行经营活动的限制来促进银行稳定和保护存款人利益。这是因为允许银行从事证券、基金和保险等多元化业务可能会引起利益冲突，例如，银行可能会通过抛售证券或向信息不充分的投资者转嫁风险来帮助贷款客户（Saunders，1994；Barth et al.，2005）。同时，允许银行从事更广泛的金融业务可能会导致银行成为一个极为庞大并且复杂的机构，从而增加监管难度，并容易出现"大而不倒"的问题（Laeven and Levine，2007）。但是，也有一些理论认为从事多元化业务能够充分利用规模经济和范围经济来增加银行特许权价值（Claessens and Klingebiel，2000），而银行特许权价值的提高有利于增强银行审慎经营的动力。此外，对银行经营限制的放松可以促使银行通过多元化业务来分散风险，降低银行风险承担水平。总体来看，经营管制对银行风险的影响存在不确定性。

最后，一些学者进一步比较了市场监督和政府监管在促进银行稳定方面的效果。公共利益说认为，强有力的官方监管有助于降低银行业信息不对称，防止银行从事高风险的活动，并因此有效促进银行稳健经营（Barth et al.，2005）。但是，私人利益说认为监管机构可能利用手中的监管权力取悦选举人、筹集竞选经费和收取贿赂，即打着公共利益的幌子（克服市场失灵和改善社会福利）来谋求私人利益，这就会导致信贷腐败并恶化银行绩效和风险（Shleifer and Vishny，1998；Djankov et al.，2002；Quintyn and Taylor，2002）。因此，私人利益说鼓励相关利益参与方借助银行的信息披露和相关信用评级机构的信息，对银行活动进行自觉监督和约束，通过运用把管理落后或风险高的银行逐出市场等手段来迫使银行安全稳健经营，即市场监督更能有效地促进银行稳健经营。市场约束本质上是一种以市场为基础的激励与约束机制，市场参与者（委托人）通过风险溢价和用脚投票的方式（如存款金额、债券持有量、股票持有量等）来惩罚出现更大风险承担行为的银行（代理人）（Nier and Baumann，2006），实现委托代理的激励相容，促使银行行为与利益相关者利益一致（成洁，2013）。Fonseca 和 González（2010）基于 1992～2002 年全球 70 个国家 1337 家银行的数据发现，良好的会计披露和较低的存款保险可以强化市场纪律，降低银行风险承担的动机。

更进一步地，Hosono et al.（2004）认为市场约束机制运行依赖规范的会计及外部审计制度、准确的信息披露与信用评级制度、发达的金融市场、银行良好的公司治理及有限的银行安全网等。《有效银行监管核心原则》同样强调单纯依靠银行监管是难以促进银行业稳健发展的，银行业稳健发展还有赖于稳定的宏观经济环境以及完善的金融稳定政策制定框架、金融基础设施等制度环境，这些就组成了银行有效监管的先决条件，即确保银行监管有效的前提条件。Barth et al.（2005）基于跨国截面数据发现，在制度环境较差的国家，对市场监督的依赖将导致对小储户的剥削，并导致银行发展缓慢。张中元（2014）利用跨国的宏观面板数据，发现银行监管对银行信用风险的影响依赖该经济体的监管有效性水平。这些研究说明同样的银行监管制度在不同条件下对银行风险承担水平可能具有不同影响，即银行监管对银行风险的影响具有一定的异质性。

上述关于银行监管对银行风险影响的研究大都是理论分析，而实证研究十分有限，并且现有的实证研究也都是集中在资本监管对银行风险的影响上，研究对象大都限制于单个国家或某个组织的成员国。本书将基于全球银行业微观的视角，利用 2000～2010 年 121

个国家 1024 家银行的微观数据和世界银行的银行监管数据库构建银行监管变量，从业务管制、资本管制、政府监管权力和市场监督四个维度来研究世界各国银行监管政策对银行风险的影响。同时，本书还从异质性的视角研究了银行监管对银行风险的影响是否在不同制度环境下表现出差别，以期较为系统地评估银行监管政策降低银行风险、促进银行稳健经营的效果。

第二节　研究设计

一　计量模型

为了检验银行监管对银行风险的影响，本书借鉴 Barth et al. (2005) 的理论分析框架，构建如下计量模型：

$$Risk_{it} = \alpha Risk_{it-1} + \sum_m \beta_m Reg_{mt} + \sum_j \lambda_j Control_{i,jt} + \mu_i + \nu_{it} \quad (5.1)$$

其中，$Risk_{it}$ 是银行风险变量，本书选取 Z 指数（Z 值）和不良贷款率来代理银行经营风险和银行信贷风险变量。$Z = (ROA + E/A) / \sigma (ROA)$，其中，$ROA$ 表示资产回报率，E/A 表示资本资产比率，用股东权益与总资产的比值表示，$\sigma (ROA)$ 表示资产回报率的标准差。Z 指数涵盖银行资本、盈利能力和盈利波动性等指标，可以反映银行经营风险，Z 值越大，银行破产概率就越小，经营风险就越低。这是因为，银行破产概率可以看作银行亏损（利润 $\pi < 0$）超过银行权益的概率，即 $P(E + \pi \leqslant 0) = P\left(\dfrac{E}{A} + \dfrac{\pi}{A} \leqslant 0\right) = P\left(\dfrac{E}{A} + ROA \leqslant 0\right)$。当 ROA 服从正态分布 N $(\mu_{ROA}, \sigma_{ROA}^2)$ 时，则有：

$$P\left(ROA \leqslant -\dfrac{E}{A}\right) = P\left(\dfrac{ROA - \mu_{ROA}}{\sigma_{ROA}} \leqslant -Z\right) = \Phi(-Z) = 1 - \Phi(Z) \quad (5.2)$$

进而可得 $\frac{\partial P}{\partial Z} = -\frac{\partial \varPhi(Z)}{\partial Z} < 0$，即 Z 指数与银行破产概率成反比。

当 *ROA* 不服从正态分布时，则银行破产概率可以表示为：

$$P\left(ROA \leqslant -\frac{E}{A}\right) = \int_{-\infty}^{\frac{E}{A}} F(ROA)\,dROA \qquad (5.3)$$

其中，*F* 为概率密度函数，μ 和 σ^2 表示 *ROA* 的期望和方差，则根据切比雪夫不等式，可得：

$$P\left(ROA \leqslant -\frac{E}{A}\right) \leqslant \frac{\sigma^2}{\left(\mu + \dfrac{E}{A}\right)^2} = \frac{1}{Z^2} \qquad (5.4)$$

因此，银行破产概率与 Z 值成反比，Z 值越大，银行经营风险就越小。

$\sum_m Reg_{mt}$ 是本书的核心解释变量，即一组银行的监管变量，主要包括资本管制（*Cap*）、业务管制（*Act*）、政府监管权力（*Sup*）和市场监督（*Mar*）四个监管指数；$\sum_j Control_{i,jt}$ 是一组控制变量，用来控制银行个体特征（如银行规模[①]、流动性和成本效率）、经营模式（收入结构、负债结构、资产结构）、银行业市场结构和所在国家经济发展情况等因素对银行风险的影响，宏观数据源于世界银行的 WDI 数据库，各个国家历年的银行集中度源于世界银行的全球金融发展数据库（GFDD）。变量的详细定义见表 5.1。

---

① 一般认为，随着银行规模扩大，银行分散风险的能力就越强，但是当银行规模大到一定程度时，就可能出现"大而不倒"的逆向激励，大银行可能更加冒险。也就是说规模与银行风险之间可能存在非线性关系，借鉴尹志超等（2014）的做法，我们将规模变量的二次项引入控制变量中。

表 5.1　变量定义

变量	符号	定义
银行经营风险	Z	$Z = (ROA + E/A) / \sigma (ROA)$
银行信贷风险	Npl	不良贷款余额与信贷总额比
资本管制	Cap	详细定义见本书第二章第二节
业务管制	Act	详细定义见本书第二章第二节
政府监管权力	Sup	详细定义见本书第二章第二节
市场监督	Mar	详细定义见本书第二章第二节
银行规模	$Size$	银行总资产的对数
流动性	Liq	流动性资产与总资产的比值
成本效率	Ci	银行管理成本与银行总资产的比值
收入结构（非利息业务）	Nii	非利息收入与总收入的比值
负债结构（非存款占比）	$Ndep$	非存款与总负债的比值
资产结构（贷款资产比）	$Loan$	贷款总额与总资产的比值
银行集中度	$CR3$	前三大银行的资产与该国全部银行资产的比值
经济增长	GDP	人均 GDP 增长率
通货膨胀	CPI	用各国 CPI 表示，衡量国家宏观经济稳定状况

　　由于银行风险行为具有高度持续的特征，我们使用动态面板模型来实证分析银行监管对银行风险行为的影响。针对动态面板数据估计过程中存在的变量内生性和样本异质性问题给估计参数带来的偏差，Arellano 和 Bond（1995）提出使用 GMM 估计方法。该方法通过差分和工具变量来控制未观察到的时间或个体效应，同时还将滞后的被解释变量和前期的解释变量作为工具变量，来解决双向因果关系引起的内生性问题。因此，本书使用系统 GMM 估计方法对模型

（5.1）进行估计。同时，为了确保模型估计的有效性，我们对模型进行过度识别检验和二阶序列相关检验。

二　样本选择与数据描述

本书银行相关数据源于全球银行业 Bankscope 数据库，该数据库是由欧洲金融信息服务商 Bureau van Dijk（BvD）与银行业权威评级机构 Fitch Ratings（惠誉）合作开发的，目前囊括了 2000 ~ 2015 年各国主要银行及世界重要金融机构与组织的经营与信用分析数据。考虑到世界银行的银行监管数据库的信息主要是在 1999 ~ 2010 年采集的，我们将样本时间界定在 2000 ~ 2010 年。同时，考虑到 Bankscope 数据库中很多银行的财务数据缺乏，我们剔除了时间跨度少于五年且存在大量数据缺失的样本，此外，我们还剔除了银行监管数据库没有监测的国家的银行样本，最终得到包括 121 个国家 2000 ~ 2010 年 1024 家银行数据的研究样本。宏观数据源于世界银行的 WDI 数据库，各个国家历年的银行集中度源于世界银行的全球金融发展数据库（GFDD）。

表 5.2 是变量间相关系数分析，从中我们可以发现，业务管制与 Z 值负相关，而资本管制、市场监督和政府监管权力与 Z 值正相关，这说明业务管制增加了银行经营风险，而资本管制、政府监管和市场监督降低了银行经营风险。此外，业务管制与银行信贷风险正相关，资本管制、市场监督和政府监管权力与银行信贷风险负相关，说明业务管制提高银行信贷风险，而资本管制、市场监督和政府监管降低了银行信贷风险。尽管相关性分析能够在一定程度上说明两者的关系，但是没有控制银行风险的其他方面，所得的结果可能并不那么令人信服。因此，接下来我们将通过计量经济模型来实证检验。

表 5.2　变量间的相关系数分析

	lnZ	Npl	Cap	Act	Sup	Mar	Size	Liq	Ci	Nii	Ndep	Loan	GDP	CPI	CR3
lnZ	1.000														
Npl	-0.095	1.000													
Cap	0.043	-0.022	1.000												
Act	-0.098	0.018	-0.134	1.000											
Sup	0.097	-0.019	0.073	-0.066	1.000										
Mar	0.024	-0.058	-0.165	0.271	-0.021	1.000									
Size	0.041	-0.114	0.078	0.044	0.003	0.034	1.000								
Liq	-0.116	0.042	-0.003	-0.120	0.006	-0.035	-0.132	1.000							
Ci	-0.115	0.045	-0.036	-0.018	-0.026	-0.105	-0.207	0.142	1.000						
Nii	-0.165	0.023	0.007	-0.027	-0.183	-0.005	-0.127	0.097	0.179	1.000					
Ndep	0.074	0.011	0.041	-0.204	0.046	-0.184	0.076	0.372	0.134	-0.051	1.000				
Loan	-0.172	0.133	-0.021	0.060	0.047	0.003	0.002	0.427	0.106	0.175	-0.026	1.000			
GDP	0.173	-0.125	0.099	-0.472	-0.073	0.064	0.171	0.020	-0.119	0.023	0.106	-0.187	1.000		
CPI	-0.054	0.078	0.049	0.035	0.120	-0.244	0.102	-0.054	0.069	0.020	0.019	-0.067	-0.228	1.000	
CR3	0.140	0.022	-0.169	-0.127	0.075	0.206	-0.005	-0.030	-0.205	0.072	-0.119	-0.113	0.426	-0.195	1.000

第三节 实证结果

一 基本回归分析

表 5.3 是模型（5.1）的系统 GMM 估计结果，被解释变量是代表银行经营风险的 Z 值对数，该值越大，表示银行经营风险越小。因此，如果解释变量的系数显著为正，那么就说明该因素有利于降低银行经营风险。被解释变量的一阶滞后项在 1% 置信水平下显著为正，说明银行在降低经营风险方面具有自我强化趋势，这也在一定程度上说明本书运用动态模型的合理性和必要性。模型检验统计量显示，各回归模型的 AR（2）和 Sargan 检验值均不能拒绝零假设，说明模型残差不存在显著二阶自相关，工具变量的选择是合理的。另外，各变量符号和显著性在不同回归模型中保持了较好的一致性，说明估计结果呈现出较强的稳定性。

表 5.3 银行监管与银行经营风险的估计结果

	（1）	（2）	（3）	（4）	（5）
$L.\ln Z$	0.476***	0.479***	0.476***	0.480***	0.476***
	(25.09)	(26.11)	(24.18)	(25.30)	(24.96)
Cap	−0.00199				−0.0305
	(−0.05)				(−0.80)
Act		0.213***			0.207***
		(3.51)			(3.48)
Sup			0.00248		0.0253
			(0.06)		(0.57)
Mar				−0.293***	−0.316***
				(−3.39)	(−3.74)
$Size$	1.262**	1.409***	1.269**	1.359***	1.482***
	(2.41)	(2.55)	(2.40)	(2.54)	(2.66)

	（1）	（2）	（3）	（4）	（5）
Size × Size	− 0. 0965***	− 0. 110***	− 0. 0969***	− 0. 102***	− 0. 114***
	（− 2. 52）	（− 2. 70）	（− 2. 53）	（− 2. 65）	（− 2. 77）
Liq	− 0. 289	− 0. 391	− 0. 282	− 0. 230	− 0. 347
	（− 1. 21）	（− 1. 48）	（− 1. 15）	（− 0. 96）	（− 1. 33）
Ci	0. 00206	− 0. 0342	− 0. 00365	− 0. 0176	− 0. 0274
	（0. 01）	（− 0. 18）	（− 0. 02）	（− 0. 10）	（− 0. 13）
Nii	0. 604***	0. 643***	0. 612***	0. 619***	0. 635***
	（2. 60）	（2. 81）	（2. 65）	（2. 66）	（2. 78）
Ndep	0. 181	0. 166	0. 205	0. 164	0. 107
	（0. 26）	（0. 23）	（0. 29）	（0. 23）	（0. 15）
Loan	1. 663**	1. 821**	1. 663*	1. 593**	1. 743*
	（2. 24）	（2. 39）	（2. 21）	（2. 14）	（2. 31）
GDP	2. 891***	3. 045***	2. 848***	2. 880***	3. 068***
	（8. 02）	（8. 30）	（7. 92）	（7. 92）	（8. 29）
CPI	− 0. 502*	− 0. 153	− 0. 506*	− 0. 712***	− 0. 463
	（− 1. 76）	（− 0. 49）	（− 1. 67）	（− 2. 49）	（− 1. 49）
CR3	− 1. 009*	− 1. 326**	− 1. 056**	− 0. 680	− 0. 892
	（− 1. 78）	（− 2. 33）	（− 1. 90）	（− 1. 23）	（− 1. 57）
_cons	− 28. 31***	− 31. 86***	− 27. 90***	− 26. 95***	− 30. 75***
	（− 7. 32）	（− 7. 48）	（− 7. 29）	（− 7. 18）	（− 7. 32）
AR （1）	0. 00	0. 00	0. 00	0. 00	0. 00
AR （2）	0. 23	0. 32	0. 30	0. 29	0. 32
Sargan	0. 30	0. 34	0. 29	0. 26	0. 30

从表5.3中可知，资本管制系数为负，但不显著。因此，本书的结论并不支持更严格的资本管制能够有效地降低银行风险这一论断，这在一定程度上说明现有资本监管框架在降低银行风险、促进银行稳健经营方面存在不足。一个有力的例证是，在金融危机爆发前，美国、英国和德国银行业的资本充足率分别为12.8%（2007年）、12.9%（2006年）、12.2%（2006年），均高于《巴塞尔协

议》监管要求。但是，需要指出的是本书中资本管制指标的子指标大部分是基于《巴塞尔协议 I》和《巴塞尔协议 II》构建的，而对于《巴塞尔协议 III》所反映的新的资本监管要求涉及的较少。事实上，针对现有资本监管在金融危机中暴露的不足，《巴塞尔协议 III》对银行资本监管进行了重大改革，提出了逆周期资本和资本留存缓冲，突出了普通股在监管资本中的重要性，提高了银行资本数量和质量要求。同时，还对系统性重要银行提出了额外资本和杠杆率要求，降低"大而不倒"引发的道德风险。因此，新的资本监管改革对银行风险的影响效果还有待进一步观察。

业务管制系数在 1% 置信水平下显著为正，这说明业务管制有效地降低了银行经营风险。该结论与公共利益假说强调政府对银行经营活动的限制可以减少银行多元化经营产生的利益冲突和风险机会增加的结论是一致的。此外，对银行经营活动的限制还可以通过改善银行监管来降低银行经营风险。这是因为允许银行从事更广泛的金融业务可能会导致银行成为一个极为庞大并且复杂的机构，从而增加了监管难度，并容易出现"大而不倒"的问题（Laeven and Levine，2007）。

政府监管权力系数为正，但不显著，这说明更强有力的官方监督机构并不能够有效地降低银行经营风险。因此，我们的结论不支持公共利益假说强调的强有力的官方监督机构能够通过克服一系列市场失灵来提高银行稳健性。私人利益假说认为官方监管目标与社会整体目标存在不一致性，即监管机构打着公共利益的幌子来谋求私人利益，会导致监管机构在降低银行风险方面出现"监管失灵"，该假说进而认为通过鼓励相关利益参与方借助银行的信息披露和相关信用评级机构的信息来对银行进行市场监督，能够有效地促进银行稳健经营。但是，我们回归的结果显示，市场监督系数在 1% 置信水平下显著为负，市场监督显著地提高了银行经营风险。理论上市场参与者能够根据银行经营信息通过数量约束和价格约束行为把经营不稳健的银行逐出市场，迫使银行降低经营风险。但市场约束机制的发挥依赖一系列的条件，诸如准确的信息披露、"聪明"的市场参与者以及发达的金融市场等配套条件。如果相关配套机制不健全和不完善，对市场监管的依赖就会放大银行经营的不确定性，甚至降低全社会福利水平（Landier and Thesmar，2011）。此外，由于银行经营比较复杂并且缺乏透明度，即使在发达国家，市场监督的效果也会大打折扣（Hoque et al.，2015）。

在控制变量中，银行规模变量的一次项和二次项系数符号分别为正和负，并均在至少5%置信水平下显著。这说明银行规模和银行经营风险之间存在 U 形的非线性关系，即当银行规模达到一定程度时，其对银行经营风险的影响由负转正，也就是出现"大而不倒"的逆向激励。收入结构的系数在1%置信水平下显著为正，说明银行非利息业务的发展有利于降低银行经营风险。资产结构系数在至少10%置信水平下显著为正，说明银行贷款资产业务的发展有利于银行降低经营风险。银行集中度系数在模型列（1）~（5）中均为负，并在模型列（1）~（3）中显著，这说明本书的结论在一定程度支持"集中度－脆弱性"假说强调的高集中度的银行系统提升了银行的市场势力，允许银行收取较高的贷款利率，诱使企业从事高风险的投资，增加了银行的道德风险问题，相应地，贷款的违约概率会增加，银行倒闭的风险也会增加（Boyd and De Nicol，2005；杨天宇和钟宇平，2013）。经济增长和通货膨胀的系数符号分别为正和负，并均在列（1）、（3）、（4）中显著，说明银行经营风险会受所在国宏观环境影响。

表5.4是被解释变量为银行信贷风险的回归估计结果，从中我们可以发现，业务管制系数在至少10%置信水平下显著为负，说明

对银行经营活动的限制有利于降低银行信贷风险，促进银行稳健经营，这与前文关于业务管制有利于降低银行经营风险的结论是一致的。市场监督系数在至少5%置信水平下显著为负，说明市场监督有利于降低银行信贷风险，支持私人利益假说强调的通过加强信息披露和市场约束机制来提高银行稳健性，但与表5.3的市场监督将会增大银行经营风险的结论相反。这说明市场监督对银行风险的抑制效应主要体现在信贷市场上，但对银行经营风险的影响具有较大的不确定性。此外，资本管制和政府监管权力的系数均不显著，说明资本管制和强有力的监管机构都没有有效地降低银行信贷风险，这与表5.3的结论是一致的。

表5.4　银行监管与银行信贷风险的估计结果

	(1)	(2)	(3)	(4)	(5)
$L. Npl$	0.771*** (25.66)	0.764*** (25.04)	0.762*** (25.22)	0.757*** (25.55)	0.776*** (25.55)
Cap	0.00135 (1.52)				0.000673 (0.77)
Act		−0.00159** (−2.25)			−0.00122* (−1.88)
Sup			−0.000454 (−0.59)		−0.000357 (−0.46)
Mar				−0.00600*** (−2.77)	−0.00466** (−2.34)
$Size$	−0.0297*** (−2.53)	−0.0287*** (−2.47)	−0.0313** (−2.66)	−0.0286** (−2.44)	−0.0290*** (−2.53)
$Size \times Size$	0.000780 (1.03)	0.000745 (0.99)	0.000834 (1.10)	0.000696 (0.92)	0.000815 (1.10)
Liq	−0.00224 (−0.49)	−0.00147 (−0.33)	−0.00173 (−0.38)	−0.000741 (−0.16)	−0.00196 (−0.44)
Ci	0.0133 (1.46)	0.0131 (1.41)	0.0128 (1.43)	0.0129 (1.45)	0.0129 (1.41)

续表

	（1）	（2）	（3）	（4）	（5）
Nii	0.000459 (0.09)	0.000402 (0.08)	0.000623 (0.12)	0.000613 (0.12)	0.000395 (0.08)
Ndep	−0.0331 (−1.52)	−0.0349* (−1.60)	−0.0340 (−1.55)	−0.0354* (−1.62)	−0.0326 (−1.51)
Loan	0.0764*** (5.05)	0.0733*** (4.80)	0.0759*** (5.09)	0.0746*** (4.91)	0.0777*** (5.26)
GDP	0.00385 (0.37)	0.000985 (0.09)	0.00393 (0.37)	0.00305 (0.29)	−0.000606 (−0.06)
CPI	0.0585*** (4.58)	0.0539*** (4.24)	0.0599*** (4.53)	0.0530*** (4.23)	0.0521*** (3.97)
CR3	−0.00731 (−0.37)	−0.00219 (−0.11)	−0.00406 (−0.20)	−0.00187 (−0.09)	−0.00576 (−0.30)
_cons	0.118 (1.17)	0.160 (1.51)	0.137 (1.33)	0.165 (1.60)	0.196* (1.90)
AR（1）	0.00	0.00	0.00	0.00	0.00
AR（2）	0.93	0.97	0.96	0.95	0.95
Sargan	0.33	0.32	0.32	0.34	0.34

综上，我们可以对银行监管与银行风险之间的关系给出如下初步的结论。对银行经营活动的限制能够显著地降低银行风险水平，促进银行稳健经营。我们的研究结论没有为以下观点提供稳健的跨国实证证据：更严格的资本管制、强有力的监管机构和强化信息披露的市场监督有利于提高银行稳定性。这与 Barth et al.（2005）早期基于 1999 年第一版银行监管数据对银行监管与银行系统危机的跨国实证研究结论是基本是一致的。

二　异质性分析

考虑到银行监管在不同的政治环境、法制水平和政府治理等制度条件下对银行风险的影响可能存在差别，也就是说银行监管对银行风险的影响具有一定的异质性，我们借鉴 Barth et al.（2005）的做法，将银行监管与制度质量的交互项引入模型，来实证检验银行监管的风险抑制（促进）效应是否在不同的政治环境、法制水平和政府治理能力下出现不同的反应。衡量国家制度质量的指标有很多，世界银行开发的世界治理指标（Worldwide Governance Indicators，WGI）被公认为目前定量研究国家治理或制度质量的严谨度最高的指标。WGI 从 1996 年起对全球 200 多个国家的政治法律制度从 6 个方面进行了测度，具体包括：①腐败控制指标（$kcre$），它反映政府控制腐败的能力；②政府效能指标（$kgee$），反映政府公共服务部门的工作质量、效率以及独立性；③政治稳定指标（$kpve$），反映一国政治的稳定程度；④规制质量指标（$krge$），反映政府为促进私人部门发展而制定和执行良好政策的能力；⑤法制指标（$krle$），反映社会公众和组织对法律法规的信心以及遵守程度；⑥政治民主指标（$kvae$），反映公民参政议政言论自由的程度。这些指标的取值范围为 -2.5~2.5，数值越大，说明一国的政治法律制度越完善，即制度质量越高。

表 5.5 中列（1）~（6）分别为制度质量代理变量——腐败控制、政府效能、政治稳定、规制质量、法治和政治民主的回归结果。从中可以发现，除了列（3）外，资本管制与制度质量的交互项和市场监督与制度质量的交互项基本在至少 10% 的置信水平下显著为负，这说明资本管制、市场监督与制度改善在降低银行经营风险之间存在替代效应，即制度环境改善在一定程度上可能会减弱资本管制和市场监督对银行经营风险的抑制效应。业务管制与制度质量的交互项在 1% 置信水平下显著为正，说明业务管制与制度改善在降低银行经营风险之间存在互补门槛效应，即只有当所在国的制度质量达到一定水平时，业务管制才会显著降低银行经营风险。由于业务管制

变量及交互项都显著，我们可以根据其系数求出相应的门槛值。以列（1）的腐败控制为例，银行业务管制的腐败控制门槛值为 -0.783，样本内腐败控制指数 25% 的分位数为 -0.631，因此对于样本内大多数银行而言，业务管制都降低了银行经营风险。

表5.5　银行监管、异质性与银行经营风险的估计结果

	（1）	（2）	（3）	（4）	（5）	（6）
$L. \ln Z$	0.489***	0.491***	0.487***	0.483***	0.476***	0.474***
	（24.51）	（21.95）	（24.58）	（24.44）	（22.37）	（23.66）
Cap	-0.00186	0.00931	-0.0498	0.0149	-0.0336	-0.00273
	（-0.05）	（0.24）	（-1.42）	（0.36）	（-0.91）	（-0.07）
Act	0.108***	0.0804***	0.180***	0.0902***	0.120***	0.0879***
	（3.16）	（2.62）	（3.38）	（2.83）	（3.27）	（2.95）
Sup	0.0322	0.0162	0.0400	0.0450	0.0364	0.0322
	（0.76）	（0.41）	（0.91）	（1.15）	（0.86）	（0.80）
Mar	-0.161***	-0.123**	-0.251***	-0.151**	-0.171***	-0.192***
	（-2.45）	（-2.08）	（-3.22）	（-2.41）	（-2.63）	（-2.83）
制度变量	$kcre$	$kgee$	$kpve$	$krge$	$krle$	$kvae$
$Cap \times$ 制度质量	-0.0905***	-0.117***	-0.0447	-0.110**	-0.0718*	-0.0976**
	（-2.42）	（-3.20）	（-1.04）	（-2.18）	（-1.89）	（-2.42）
$Act \times$ 制度质量	0.138***	0.153***	0.142***	0.167***	0.138***	0.181***
	（2.44）	（2.45）	（2.77）	（2.58）	（2.49）	（2.67）
$Sup \times$ 制度质量	-0.00555	0.0251	-0.0717	-0.0282	-0.0242	-0.0123
	（-0.13）	（0.51）	（-1.63）	（-0.55）	（-0.54）	（-0.28）
$Mar \times$ 制度质量	-0.204**	-0.204*	-0.0682	-0.195*	-0.163*	-0.201**
	（-1.94）	（-1.79）	（-0.87）	（-1.87）	（-1.70）	（-2.36）
制度	0.0205	-0.922	0.00340	0.972	1.171	0.0995
	（0.03）	（-1.11）	（0.00）	（1.18）	（1.26）	（0.10）
$Size$	1.458**	1.417**	1.570***	1.432**	1.517***	1.532***
	（2.32）	（2.25）	（2.50）	（2.30）	（2.40）	（2.49）
$Size \times Size$	-0.112***	-0.108**	-0.115***	-0.109**	-0.113***	-0.115***
	（-2.45）	（-2.34）	（-2.55）	（-2.41）	（-2.49）	（-2.56）

续表

	（1）	（2）	（3）	（4）	（5）	（6）
Liq	−0.271	−0.239	−0.274	−0.253	−0.291	−0.311
	（−1.05）	（−0.95）	（−1.07）	（−0.96）	（−1.15）	（−1.16）
Ci	0.0589	0.0609	0.0778	0.0530	0.0206	0.0771
	（0.31）	（0.31）	（0.39）	（0.27）	（0.11）	（0.42）
Nii	0.621***	0.625***	0.642***	0.621***	0.607***	0.638***
	（2.62）	（2.65）	（2.83）	（2.70）	（2.66）	（2.79）
Ndep	−0.246	−0.346	−0.123	−0.314	−0.194	−0.0744
	（−0.34）	（−0.48）	（−0.17）	（−0.43）	（−0.27）	（−0.10）
Loan	1.786**	1.574**	1.813**	1.695**	1.770*	1.738**
	（2.34）	（2.11）	（2.37）	（2.23）	（2.32）	（2.27）
GDP	3.459***	3.579***	3.422***	3.158***	2.923***	3.147***
	（7.26）	（6.90）	（7.91）	（7.39）	（7.06）	（7.59）
CPI	−0.776**	−0.724**	−1.076***	−0.775**	−0.694**	−0.715**
	（−2.24）	（−2.21）	（−3.20）	（−2.25）	（−1.99）	（−2.20）
CR3	−1.310**	−0.887	−0.783	−1.035*	−1.203*	−0.973
	（−2.11）	（−1.46）	（−1.30）	（−1.63）	（−1.92）	（−1.54）
_cons	−33.75***	−34.41***	−34.58***	−31.71***	−29.81***	−31.27***
	（−6.93）	（−6.43）	（−7.14）	（−6.83）	（−6.64）	（−7.07）
AR（1）	0.00	0.00	0.00	0.00	0.00	0.00
AR（2）	0.32	0.32	0.32	0.33	0.33	0.33
Sargan	0.30	0.25	0.31	0.28	0.31	0.34

　　表5.6是被解释变量为银行信贷风险的估计结果，从中可以发现，除了列（1）和列（3）外，资本管制的交互项、业务管制的交互项和政府监管权力的交互项都在至少10%置信水平下显著。其中，资本管制与制度质量的交互项显著为正，说明资本管制与制度质量在降低银行信贷风险方面存在替代效应，这与表5.6的结论是一致的，即制度环境改善会降低资本管制对银行信贷风险的抑制效应，换言之，在制度环境较差的地方，资本管制的风险抑制效应更明显。

由于银行资本直接决定了银行弥补非预期损失的能力大小，各国监管机构一直推崇资本管制在降低银行风险承担方面的重要性。特别是对于制度不健全的落后国家来说，其应该更加重视《巴塞尔协议》第一大支柱——资本监管在降低银行风险方面发挥的作用。业务管制的交互项和政府监管权力的交互项的系数均显著为负，这说明业务管制、政府监管权力与制度改善在降低银行信贷风险之间存在互补门槛效应，即只有制度质量达到一定水平，业务管制和政府监管才能降低银行信贷风险，否则会提高银行信贷风险。因此，综合来看，银行监管对银行风险的影响在不同经济体中会表现出一定的异质性。

表 5.6　银行监管、异质性与银行信贷风险的估计结果

	（1）	（2）	（3）	（4）	（5）	（6）
$L.Npl$	0.761***	0.786***	0.752***	0.777***	0.774***	0.774***
	（26.36）	（24.05）	（25.24）	（22.63）	（24.15）	（22.05）
Cap	0.000756	0.000130	0.000648	−0.00138	0.000349	−0.000229
	（0.74）	（0.12）	（0.69）	（−1.32）	（0.38）	（−0.24）
Act	−0.00117**	−0.000906	−0.00144**	−0.000270	−0.00137**	0.0000548
	（−2.66）	（−1.14）	（−2.12）	（−0.36）	（−1.99）	（0.07）
Sup	−0.000455	0.000298	−0.000574	0.000853	0.0000546	0.000697
	（−0.56）	（0.35）	（−0.70）	（1.01）	（0.07）	（0.82）
Mar	−0.00368*	−0.00462**	−0.00485**	−0.00404*	−0.00467**	−0.00478**
	（−1.81）	（−2.14）	（−2.35）	（−1.89）	（−2.39）	（−2.25）
制度变量	$kcre$	$kgee$	$kpve$	$krge$	$krle$	$kvae$
$Cap \times$ 制度质量	0.000515	0.00216***	0.000997	0.00460***	0.00276***	0.00255**
	（0.57）	（2.66）	（0.81）	（3.39）	（3.16）	（2.44）
$Act \times$ 制度质量	−0.000319	−0.00183***	−0.000487	−0.00328***	−0.00142**	−0.00275***
	（−0.49）	（−2.47）	（−0.66）	（−3.35）	（−2.01）	（−2.94）
$Sup \times$ 制度质量	−0.000509	−0.00168**	−0.000399	−0.00302***	−0.00177**	−0.00152*
	（−0.67）	（−2.13）	（−0.49）	（−2.78）	（−2.14）	（−1.71）

续表

	（1）	（2）	（3）	（4）	（5）	（6）
Mar × 制度质量	0.00409**	0.000975	0.00112	−0.00148	0.000138	−0.00242
	（2.30）	（0.47）	（0.61）	（−0.59）	（0.08）	（−1.20）
制度	−0.0360**	0.0185	−0.0125	0.0708***	0.0356	0.0484**
	（−1.96）	（0.93）	（−0.61）	（2.52）	（1.64）	（2.00）
Size	−0.0278**	−0.0281**	−0.0279**	−0.0293***	−0.0310***	−0.0269**
	（−2.44）	（−2.40）	（−2.48）	（−2.47）	（−2.58）	（−2.21）
Size × Size	0.000722	0.000745	0.000679	0.000779	0.000897	0.000765
	（0.96）	（0.99）	（0.93）	（1.02）	（1.16）	（0.97）
Liq	−0.00269	−0.00168	−0.000299	−0.00144	−0.00101	−0.00159
	（−0.63）	（−0.37）	（−0.07）	（−0.32）	（−0.23）	（−0.37）
Ci	0.0123	0.0135	0.0122	0.0144	0.0124	0.0138*
	（1.40）	（1.48）	（1.39）	（1.56）	（1.37）	（1.64）
Nii	0.000975	0.000805	0.000779	0.00111	0.000894	0.000971
	（0.18）	（0.16）	（0.15）	（0.23）	（0.18）	（0.18）
Ndep	−0.0315	−0.0336	−0.0345	−0.0361*	−0.0388*	−0.0340
	（−1.43）	（−1.52）	（−1.59）	（−1.65）	（−1.74）	（−1.59）
Loan	0.0797***	0.0768***	0.0741***	0.0745***	0.0775***	0.0749***
	（5.40）	（5.01）	（4.97）	（4.90）	（5.13）	（4.87）
GDP	0.00271	0.00345	0.00638	0.00168	0.000250	0.00432
	（0.26）	（0.32）	（0.61）	（0.16）	（0.02）	（0.39）
CPI	0.0475***	0.0496***	0.0520***	0.0473***	0.0462***	0.0445***
	（3.61）	（3.69）	（3.73）	（3.53）	（3.55）	（3.29）
CR3	−0.00579	−0.00247	−0.00369	−0.00178	−0.00666	−0.00567
	（−0.30）	（−0.12）	（−0.19）	（−0.09）	（−0.33）	（−0.29）
_cons	0.160	0.147	0.141	0.156	0.196*	0.122
	（1.53）	（1.35）	（1.35）	（1.43）	（1.79）	（1.12）
AR（1）	0.00	0.00	0.00	0.00	0.00	0.00
AR（2）	0.98	0.94	0.96	0.96	0.94	0.94
Sargan	0.34	0.34	0.35	0.40	0.37	0.33

三 稳健性检验

尽管系统 GMM 方法与其他估计方法相比能够更有效地解决动态模型中因变量滞后项、变量遗漏和解释变量的内生性问题，但是在有限样本条件下，系统 GMM 估计量也可能产生偏倚，我们采用 Bond et al.（2002）的经验法则，对 GMM 估计量和 OLS 估计量、固定效应模型（FE）估计量进行对比。由于 OLS 估计被解释变量的滞后项和不可观察的截面效应存在正相关关系，估计量是向上偏倚的，而固定效应估计因变量的滞后项和随机扰动项负相关，估计量向下偏倚。如果滞后因变量的 GMM 估计值介于固定效应估计值和 OLS 估计值之间，那么 GMM 估计是可靠有效的。由表 5.7 可知，对基准回归方程和异质性模型的滞后项系数检验发现，GMM 估计量介于两个估计量之间，说明系统 GMM 模型估计是可靠有效的。此外，我们对银行个体特征变量进行 5% 置信水平的异常值缩尾处理，用新的样本数据去检验。实证发现，本书的主要结论依然成立（见附录 1 – 附录 4）。

表 5.7　因变量滞后项系数检验

表 5.3	（1）	（2）	（3）	（4）	（5）	
OLS	0.640	0.639	0.637	0.639	0.636	
SYS – GMM	0.476	0.479	0.476	0.480	0.476	
FE	0.278	0.282	0.285	0.285	0.281	
表 5.4	（1）	（2）	（3）	（4）	（5）	
OLS	0.750	0.750	0.750	0.750	0.748	
SYS – GMM	0.771	0.764	0.762	0.757	0.776	
FE	0.547	0.547	0.545	0.546	0.542	
表 5.5	（1）	（2）	（3）	（4）	（5）	（6）
OLS	0.632	0.631	0.633	0.632	0.632	0.633
SYS – GMM	0.489	0.490	0.487	0.483	0.476	0.474
FE	0.276	0.277	0.279	0.278	0.277	0.278

续表

表 5.6	（1）	（2）	（3）	（4）	（5）	（6）
OLS	0.742	0.742	0.743	0.743	0.743	0.744
SYS - GMM	0.761	0.786	0.752	0.777	0.774	0.774
FE	0.535	0.539	0.536	0.540	0.540	0.539

第四节　本章小结

　　尽管针对 2008 年全球金融危机暴露出的监管大面积缺失问题，各界对通过加强金融监管来防范金融风险抱有很大的希望，但学界对于银行监管在促进银行稳定性方面的作用一直存在争议。本章选取全球 2000 ~ 2010 年 121 个国家 1024 家银行作为研究样本，利用世界银行编制的银行监管数据库构建了资本管制、业务限制、政府监管权力和市场监督等银行监管变量，采用 Z 指数和不良贷款率衡量银行经营风险和银行信贷风险，对银行监管和银行风险之间的关系进行了实证研究。同时，我们还进一步考察了这种关系在不同政治环境、法制水平和政府治理等制度条件下是否发生改变，即同样的银行监管在不同的制度质量下对银行风险的影响是否存在异质性。

　　实证研究结果显示，对银行经营活动的限制不仅显著地降低了银行经营风险，还降低了银行信贷风险，业务管制有利于促进银行稳定。但是，业务管制的风险抑制效应依赖一定的制度水平。只有当该国的制度水平超过一定的门槛时，业务管制才会降低银行风险，否则会提高银行风险。样本内大部分经济体的制度指数都超过了门槛值，业务管制总体上有利于降低银行风险。市场监督对银行风险的影响存在不确定性，有利于降低银行信贷风险，但提高了银行经营风险。资本管制和政府监管权力对银行经营风险和信贷风险的影响均不显著，但是资本管制与制度质量在降低风险中存在显著替代效应，制度质量的改善有利于提高政府监管的银行信贷风险抑制效应。总体来看，银行监管对银行风险的影响在不同制度水平的经济体中表现出一定的异质性。

需要指出的是，尽管我们的实证结果并不支持更严格的资本管制、强有力的监管机构和强化信息披露的市场监督有利于提高银行稳定性，但这并不意味着这些监管措施是不必要的，对实证结果的理解需要谨慎。一方面，一些计量问题可能干扰了我们的研究结论。例如，本书资本管制指标的子指标大部分是基于《巴塞尔协议Ⅰ》和《巴塞尔协议Ⅱ》构建的，而对于《巴塞尔协议Ⅲ》所反映的新的资本监管要求涉及的较少，这就使得资本监管对银行风险的影响在计量上可能表现得不显著，对于资本管制对银行风险影响不显著这个结论的理解就要格外的谨慎。事实上，由于银行资本直接决定了弥补银行非预期损失的能力大小，各国监管机构一直推崇资本管制在降低银行风险承担方面的重要性。《巴塞尔协议Ⅲ》更是在通过提高银行资本数量和质量来防范银行风险方面提出了更严格的要求。因此，在未来的实证研究中，在资本管制指数编制方面应该更加微观具体，以更好地反映资本管制对银行风险的影响。另一方面，也要看到银行监管对银行风险的影响在一定程度上依赖所在国的制度水平，即表现出一定的异质性。比如，政府监管权力与制度质量在降低银行信贷风险上存在互补效应，即加强制度环境建设有利于提高政府监管对银行信贷风险的抑制效应。

第六章　审慎监管与银行效率和风险：中国经验

第一节　《巴塞尔协议Ⅲ》及其在中国的实践

一　《巴塞尔协议Ⅲ》的主要内容

2008 年席卷全球的金融危机对全球金融业产生了巨大冲击，大量的银行机构破产倒闭，并引发了失业增加、经济衰退和社会动荡等一系列问题，全球金融危机的阴霾至今尚未完全散去。全球金融危机对银行体系和实体经济的重创，引发了各界对《巴塞尔协议Ⅱ》的质疑和反思：一是风险资本监管制度设计的缺陷导致资本不能充分地覆盖和反映银行各类风险，风险资本要求也未充分考虑银行实际承担和面临的系统性风险；二是《巴塞尔协议Ⅱ》框架下的违约损失率计算以及坏账损失准备金计提的顺周期问题加剧了银行危机；三是监管资本工具的吸收能力不强，无法吸收危机期间银行体系的实际损失；四是金融机构的高杠杆现象突出，流动性风险被严重忽视；五是对影子银行和资产证券化产品监管不足，忽略了大量的潜在风险。

针对金融危机暴露出的监管制度缺失和监管不力等问题，金融稳定理事会（FSB）和巴塞尔银行监管委员会（BCBS）对《巴塞尔协议Ⅱ》进行了重大改革，并于 2010 年 12 月正式发布了全球银行业新的监管标准——《巴塞尔协议Ⅲ》（简称《巴Ⅲ》）。《巴Ⅲ》着重从微观审慎和宏观审慎两个方面对银行体系加强监管。在微观上，改革资本监管规则，引入杠杆率监管指标，构建流动性监管标准，完善金融机构法人治理结构和薪酬激励机制。在宏观上，审慎主要分为时间维度和截面维度。时间维度主要是针对资本监管的顺周期性问题，建立逆周期的监管框架，来解决金融体系与实体经济的"共振"问题；截面维度主要是指通过对系统重要性机构的监管来弱化金融体系内部的关联性，进而减少系统性风险的发生。具体内容如下。

（一）强化资本监管基础

一是严格资本定义。《巴Ⅲ》对资本进行了新的定义，一级资本充分考虑在"持续经营资本"的基础上吸收损失，二级资本在"破产清算资本"的基础上吸收损失，废除了专门用于抵御市场风险的三级资本，对上述资本工具建立严格的合格标准，以提高各类资本工具的损失吸收能力（见表6.1）。同时，引入严格、统一的资本扣减项目，并要求从核心一级资本中扣减。

表 6.1　《巴塞尔协议Ⅲ》的资本标准

资本类型	标准
核心一级资本	实收资本或普通股
	留存收益
	发行核心一级资本工具所产生的股票溢价
	累积其他综合收益和公开储备
	银行并表子公司发行的由第三方持有的普通股
	核心一级资本监管调整项

续表

资本类型	标准
其他一级资本	银行发行的满足其他一级资本标准的工具
	发行其他一级资本工具产生的股本盈余
	满足一级资本要求的银行并表子公司发行的由第三方持有的工具
	其他一级资本监管调整项
二级资本	银行发行的满足二级资本标准的工具
	发行二级资本工具产生的股本盈余
	满足二级资本要求的银行并表子公司发行的由第三方持有的工具
	二级资本监管调整项

资料来源：《第三版巴塞尔协议：更具稳健性的银行和银行体系的全球监管框架》49－65条款

二是增加资本数量。《巴塞尔协议Ⅲ》将核心一级资本充足率的最低要求从原来的2%提高到4.5%，一级资本充足率下限由原来的4%提高到6%，总资本充足率仍为8%。尽管总资本充足率要求保持不变，但是以留存收益和普通股为主要组成部分的核心一级资本和一级资本的份额有较大提高，这就要求商业银行在经营过程中必须有充足的核心一级资本和一级资本以支撑风险加权资产的增加。

三是扩大资本覆盖范围。针对此轮危机暴露出的银行通过将大量风险资产转移至表外实现监管资本套利以及银行表外风险和衍生交易风险等问题，《巴塞尔协议Ⅲ》大幅提高了源自场外衍生品和证券融资交易的交易对手信用风险的资本要求，推动银行加强交易对手的信用风险管理，提高了资产证券化交易风险暴露的风险权重。同时，还在第二大支柱框架下明确了商业银行全面风险治理架构的监管要求，要求商业银行全面评估表内外各类风险，提升银行内部风险治理的有效性。

（二）加强流动性监管

为了纠正商业银行粗放和低效的流动管理方式，降低对短期高波动性市场的流动性依赖，《巴塞尔协议Ⅲ》首次在全球范围内提出了两个流动性监管量化指标（见表6.2）。流动性覆盖率主要用于保证商业银行拥有优质的流动性资产，可以通过变现来满足30日期限的流动性需求，该监管指标有利于压缩银行短期负债和长期资产之间的套利空间，推动银行回归传统的经营模式。净稳定资金比率主要是对偏短期流动性覆盖率指标从更长期限方面所做的补充，鼓励银行通过结构调整减少短期融资的期限错配、增加长期稳定资金来源，以确保表内外资产业务的长远发展，防止银行在市场流动性较高的时候过度依赖批发融资。

表6.2　流动性监管量化指标

指标	定义	作用
流动性覆盖率（LCR）	$\dfrac{高流动性资产}{未来30日的资金净流出量}$	衡量短期压力情景下单个银行流动性状况
净稳定资金比率（NSFR）	$\dfrac{可用稳定资金}{业务所需稳定资金}$	强化中长期流动性风险的监控

（三）引入杠杆率监管标准

杠杆率是核心资本与银行表内外资产之比，被作为资本充足率的补充纳入《巴塞尔协议Ⅲ》。不同于资本充足率，杠杆率对表内外所有资产都采用相同的风险权重，更多的是反映过少资本支撑资产规模过快扩张产生的高杠杆风险。采用简单、透明、基于风险总量的杠杆率监管指标不仅可以有效防止模型风险和计量错误所引发的额外保护，还可以为银行体系杠杆率累积确定底线，控制商业银行资产规模的过度扩张，缓释不稳定的去杠杆化过程产生的经济金融风险。杠杆率监管标准设定为3%，从2013年年初开始进入过渡期，2017年进行最后调整，2018年开始纳入第一大支柱框架。

（四）建立宏观审慎监管框架

一是横向维度。主要考察单个金融机构、金融市场和金融产品运作失效所带来的潜在的负外部性，对于具有系统重要性影响的金融机构、市场和产品实施额外的监管。其中，对系统重要性商业银行提出附加资本要求，以降低"大而不倒"带来的道德风险。《巴塞尔协议Ⅲ》从国际活跃度、资产规模、相互关联性、可替代性和复杂性五个方面评估单家银行的系统重要性，并据此将银行分为五类，附加资本要求为1%～3.5%不等。

二是时间维度。主要是降低银行体系与实体经济之间的正反馈循环，缓解亲经济周期效应。逆周期资本监管框架包括四个部分：①通过审慎设定资本充足率计算的输入因子，平滑最低资本要求的周期性波动；②建立具有前瞻性的动态损失拨备制度；③要求银行建立高于最低资本要求的留存超额资本，用于吸收经济下行期的额外损失；④提出与信贷过快增长挂钩的逆周期超额资本要求，若出现系统性信贷高速扩张，计提逆周期超额资本可以防止信贷供给大幅波动给实体经济运行和银行体系带来的损害。

需要指出的是，考虑到全球经济形势比较低迷，若短期内系统性、大幅度提高监管标准，将抑制银行体系的信贷扩张，阻碍经济复苏的进程。为此，《巴塞尔协议Ⅲ》明确了过渡期安排，2013年开始实施，2019年全部项目完成达标，具体的过渡期安排见图6.1。

二　《巴塞尔协议Ⅲ》在中国的实践

作为金融稳定理事会和巴塞尔委员会的重要成员，中国银行监管机构积极参与这一轮的国际金融监管准则修订，在充分借鉴国际金融监管改革经验的基础上，紧密结合国内银行业改革发展和监管实际，于2011年5月正式颁布《中国银行业实施新监管标准指导意

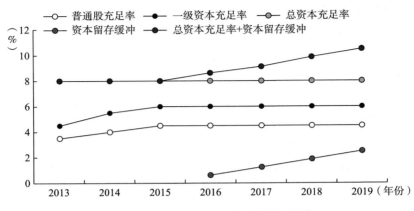

图 6.1　各项资本实施过渡期安排

见》，被业内称为"中国版《巴塞尔协议Ⅲ》"，由此确立了中国银行业实施新监管标准的政策框架。该监管政策框架按照宏观审慎监管与微观审慎监管有机结合、监管标准统一性和分类指导统筹兼顾的总体要求，在资本充足率、杠杆率、流动性和拨备率等方面提出了具体的审慎监管指标要求，并根据不同机构情况设置差异化的过渡期安排（见表6.3）。

表6.3　中国四类审慎监管标准

指标 体系	具体指标	"中国版《巴塞尔协议Ⅲ》"			
		达标要求		达标期限	
		系统重要性 银行	非系统 重要性银行	系统重要性 银行	非系统 重要性银行
资本 充足率	普通股核心资本	≥5%		2013 年底	2016 年底
	一级资本	≥6%			
	总资本	≥8%			
	留存资本	2.5%			
	逆周期资本	0～2.5%			
	系统重要性银行 附加资本	1%	—	2013 年底	—

续表

指标体系	具体指标	"中国版《巴塞尔协议Ⅲ》"			
		达标要求		达标期限	
		系统重要性银行	非系统重要性银行	系统重要性银行	非系统重要性银行
杠杆率	杠杆率	≥4%		2013 年底	2016 年底
流动性	流动性覆盖率	≥100%		2013 年底	
	净稳定资金比率	≥100%		2016 年底	
拨备率	贷款拨备率	≥2.5%		2013 年底	2016 年底
	拨备覆盖率	≥150%		已实施，动态调整	

资料来源：根据公开资料整理。

　　从表 6.3 可以看出，无论是抵御预期损失的拨备、抵御非预期损失的资本，还是杠杆率监管标准，中国版的监管标准要求都高于国际监管准则，其具体执行时间也要提前一些。这些审慎监管工具标准的提高理论上可以增强银行抵御风险的能力，但同时客观上也增加了银行经营成本，在一定程度上也可能会导致银行通过金融创新、向非银行金融机构转移风险等方式来减少资本和拨备要求，从而可能带来更大的系统性风险。此外，"中国版《巴塞尔协议Ⅲ》"对资本的定义和风险的计量也进行了相应的修改。比如，考虑到中国小微企业众多，对小微企业债权赋予的风险权重进行了适当调整，下调为 75%；而对于期限不超过 1 年的贷款承诺，转换系数由《巴Ⅲ》的 0 上调到 20%，这有助于引导中国表外业务良性发展。

三　《巴塞尔协议Ⅲ》的有效性研究

　　伴随着《巴塞尔协议Ⅲ》的出台，新监管标准的政策效果引起了各界的关注。关于《巴塞尔协议Ⅲ》政策效果的研究大体可以分为两类：一类是基于宏观视角，着重评估新监管规则实施所产生的宏观经济成本和收益；另一类是从微观视角出发，重点研究新监管规则对银行经营行为和风险偏好的影响。相关研究所用的方法主要是情景模拟法、回归分析法和对比分析法。

在宏观效应方面，由金融稳定委员会和巴塞尔银行监管委员会组成的宏观评估小组（MAG，2010）综合采用大型宏观经济模型、简化形式模型和包含银行部门的动态随机一般均衡模型，研究发现，如果将全球普通股资本充足率提高至7%，会导致国内总产出与基准预测相比最高下降0.22%，其发生在35个季度之后。在过渡期间，经济增长率仅比基准预测低0.03个百分点，在此之后将返回至基准增长路径。巴塞尔委员会长期经济影响工作小组（BCBS，2010）根据13个国家的银行业历史数据进行情景模拟发现，当资本充足率提高2%，并且满足净稳定资金比率要求时，国内总产出将下降0.25%；当资本充足率提高6%，并且满足净稳定资金比率要求时，国内总产出将下降0.59%。但是，国际金融研究所（IIF，2011）的研究发现，《巴塞尔协议Ⅲ》实施将导致欧元区、日本、英国和瑞士的产出水平每年损失0.7%，五年期间将导致750万个工作机会损失，对经济的冲击要远大于MAG和BCBS的估算结果。Slovik和Cournede（2011）综合采用IIF银行部门模型与OECD宏观经济模型，发现《巴塞尔协议Ⅲ》实施对欧元区、美国和日本GDP年增长率的影响为0.05%~1.5%。Roger和Vitek（2012）借鉴MAG的宏观经济评估模型，认为如果借用有效的货币政策进行对冲，资本充足率的提高对全球经济的冲击应该是有限的。

在微观效应方面，Kiema et al.（2010）基于银行资产组合最优均衡模型发现，杠杆率要求会导致银行将更多的贷款贷给高风险的客户，因而杠杆率的资产配置效应增加了银行风险。Lim et al.（2011）发现，贷款价值比率上限（LTV）、债务收入比率上限（DTI）

和拨备覆盖率均能够在一定程度上抑制信贷增长的顺周期性。Pausch（2012）研究发现，只有当银行在银行间市场上是净买入者并且从信贷业务中获得的收益较低时，流动性监管才会使其表现为风险规避者。否则，银行将从事高风险的信贷投放活动，进而增加它未来的流动性风险。Neri（2012）发现，流动性监管在激励银行增持符合监管要求的流动性资产的同时，也会导致银行盈利能力下降。Chortareas et al.（2012）发现过低的资本充足率标准增加了银行的破产风险，但过高的资本充足率标准则会增加银行的经营成本。

就国内研究而言，钟伟和谢婷（2011）对《巴塞尔协议Ⅲ》框架进行了梳理和总结，认为新协议过于严格的监管标准要求会导致全球银行业面临较大的融资压力，进而影响全球经济增长。巴曙松等（2011）通过测算《巴塞尔协议Ⅲ》实施对银行资本充足率、杠杆率、贷款拨备率等的影响，发现新监管标准将导致银行业资本金缺口增大、一级资本充足率大幅下降、银行盈利受到冲击。陆静（2011）通过对欧洲、美国、印度和中国银行业研究发现，短期内《巴Ⅲ》对银行影响不大，但长期面临较大的资本缺口，特别是对于以银行融资为主的发展中国家而言，影响更大。施其武（2012）基于16家上市银行的数据实证发现，新监管标准的实施在一定程度上有利于控制商业银行的贷款增长速度和贷款集中程度，促进商业银行稳健经营。

袁鲲等（2014）构建了一个传统资本监管与杠杆率规则相结合的理论模型，杠杆率监管在短期内对我国商业银行的影响有限，但在长期将对我国银行发展模式、资本质量和风险管理形成刚性约束。程凤朝和叶依常（2014）基于VAR模型发现，资本充足率冲击会对银行贷款规模产生负面影响，并且对GDP的影响较为迅速，影响时间较长。贾飙等（2015）研究发现，《巴塞尔协议Ⅲ》的实施对中国宏观经济的影响在短期内是温和的，但长期影响仍然不容小视。梁琪等（2015）基于中国商业银行2003～2012年的微观数据，实证检验了差别存款准备金率动态调整机制和可变的LTV上限两大宏观审慎工具的有效性，发现这两大工具能够显著影响中国商业银行的信贷增长和杠杆率变动，而且其通过逆周期调节，能够有效降低银行信贷扩张和杠杆率放大的顺周期性，中国宏观审慎政策工具的调控是有效的。

第二节　审慎监管对我国银行经营的影响分析

一　资本充足率指标影响

近年来，我国银行业金融机构积极通过留存收益、股权融资和混合资本债权等多种方式补充资本，银行资本充足率总体维持在高位（见图6.2）。截至2014年年末，我国商业银行资本充足率和核心一级资本充足率分别为13.18%、10.56%，核心一级资本净额占资本净额的80.1%，资本质量处于较高水平，显著高于审慎监管标

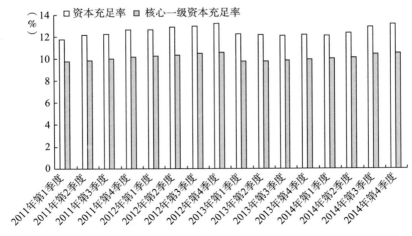

图6.2　2011～2014年我国银行资本充足率和核心一级资本充足率

准要求，短期监管压力较小。但是从中长期看，一方面，以银行信贷为主的融资模式决定了经济增长对银行信贷的依赖性较强，未来银行信贷增长仍将保持一定的增速，而在资本监管趋严的情况下，银行资本需求将增加。另一方面，在存贷利差缩减和资本市场疲软的情况下，内外源渠道补充资本的能力将下降，银行资本缺口将显现。因此，资本充足率标准提高将倒逼银行积极调整业务结构、强化管理创新，真正实现从规模扩张的外延式发展模式向质量提升的内涵式发展的经营转型。

二　杠杆率指标影响

我国的杠杆率指标含义和计算方法沿用了《巴塞尔协议Ⅲ》的规定，我国将杠杆率定义为一级资本与银行表内和特定的表外资产之比，表外资产按照特定风险因子换算成为表内资产，贷款承诺、备用信用证、承兑等为100%风险换算因子，无条件可撤销承诺为10%风险换算因子。杠杆率监管标准的引入可以有效弥补资本充足率的不足，控制银行业金融机构以及银行体系的杠杆率积累。不同于资本充足率，杠杆率对表内外所有资产基本都是采用相同的风险权重，更多的是反映过少资本支撑资产规模过快扩张产生的高杠杆风险。采用简单、透明、基于风险总量的杠杆率监管指标不仅可以有效防止模型风险和计量错误造成的额外保护，还可以为银行体系杠杆率累积确定底线，控制商业银行资产规模的过度扩张。同时，也将在一定程度上阻挡银行将表内资产大量转向表外，制约银行表外资产的过快增长。

三　拨备类指标影响

对贷款拨备率和拨备覆盖率指标的监管有利于提高银行抵御预

期损失的能力，同时，监管部门将根据经济发展不同阶段、银行业金融机构贷款质量差异和盈利状况的不同，对贷款损失准备的监管要求进行动态化和差异化调整：经济上行期适度提高贷款损失准备要求，经济下行期则根据贷款核销情况适度调低；根据单家银行业金融机构的贷款质量和盈利能力，适度调整贷款损失准备要求。因此，动态拨备调整制度有利于降低银行经营周期性波动，促进银行稳健经营。截至2014年年末，我国银行机构拨备覆盖率和贷款拨备率分别为232.06%和2.90%（见图6.3），均高于监管指标要求，特别是拨备覆盖率一直维持在较高水平，高出监管要求50%以上。但是，个别银行贷款拨备率存在不达标情况。在经济新常态和利率市场化的大背景下，大幅度提高贷款损失准备金将给银行利润带来冲击。

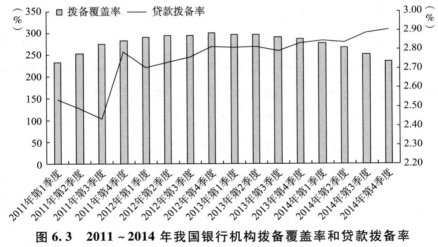

图6.3　2011～2014年我国银行机构拨备覆盖率和贷款拨备率

注：拨备覆盖率用左轴衡量，贷款拨备率用右轴衡量。

四　流动性指标影响

为了纠正商业银行粗放和低效的流动管理方式，降低对短期高波动性市场的流动性依赖，我国监管当局在采用流动性覆盖率和净稳定融资率等《巴塞尔协议Ⅲ》新指标的同时，也采用了流动性比率、存贷比以及核心负债依存度、流动性缺口率、客户存款集中度以及同业负债集中度等多个流动性风险监管和监测指标，建立了多维度的流动性风险监管标准和监测指标体系。这些监管指标将有助于引导银行业金融机构加强流动性风险管理，提高流动性风险管理的精细化程度和专业化水平，促使商业银行合理匹配资产负债期限结构，增强银行体系应对流动性压力冲击的能力。截至 2014 年年末，商业银行流动性比率为 46.44%，存贷比为 65.09%，流动性资产整体充足。但是，存款大幅波动仍然明显，银行资金来源稳定性有待提高，商业银行各项存款占总负债的比重由 2006 年年末的87.20% 下降到 2014 年年末的 78.61%，稳定性较差的同业负债快速增多，特别一些同业业务比重高、资产负债期限错配严重的中小银行，流动性风险管理难度加大。

第三节　审慎监管有效性的评估：基于效率和风险的视角

防范风险和促进发展都是银行业监管的目标，但这两者往往存在矛盾（沈坤荣、李莉，2005），有效的银行监管应该在提高银行效率和促进银行稳健经营之间寻求平衡。本书将基于 2007～2013 年我国 18 家商业银行的微观数据，采用随机前沿边界联合模型和系统 GMM 模型对我国现有四类审慎监管工具对银行效率与银行风险的影响进行实证检验，为充分评估我国银行监管有效性进行了初步探索。

一　模型设定

本章将 Battese 和 Coelli（1995）提出的一步法随机前沿模型作

为研究审慎监管对银行成本效率和利润效率影响的实证模型。传统两步法首先利用随机生产边界模型估算出银行效率，然后再用银行效率与外生解释变量进行回归，但是两步法过程中存在"两阶段"冲突，从而使得估计结果出现偏差（Coelli et al.，1998）。而一步法通过将影响银行效率的环境变量植入随机前沿模型，构建包含随机生产边界函数和非效率影响因素的联合估计方程，较好地避免了两步法的弊端。考虑两个产出、三种投入的超越对数成本函数①可以表示如下：

$$
\begin{aligned}
\ln\left(\frac{TC_{it}}{w_{3,it}}\right) &= \alpha_0 + \alpha_1\ln(y_{1,it}) + \alpha_2\ln(y_{2,it}) + \alpha_3\ln\left(\frac{w_{1,it}}{w_{3,it}}\right) + \alpha_4\ln\left(\frac{w_{2,it}}{w_{3,it}}\right) \\
&+ \frac{1}{2}\alpha_5\ln(y_{1,it})\ln(y_{1,it}) + \frac{1}{2}\alpha_6\ln(y_{2,it})\ln(y_{2,it}) + \alpha_7\ln(y_{1,it})\ln(y_{2,it}) \\
&+ \frac{1}{2}\alpha_8\ln\left(\frac{w_{1,it}}{w_{3,it}}\right)\ln\left(\frac{w_{1,it}}{w_{3,it}}\right) + \frac{1}{2}\alpha_9\ln\left(\frac{w_{2,it}}{w_{3,it}}\right)\ln\left(\frac{w_{2,it}}{w_{3,it}}\right) \\
&+ \alpha_{10}\ln\left(\frac{w_{1,it}}{w_{3,it}}\right)\ln\left(\frac{w_{2,it}}{w_{3,it}}\right) \\
&+ \alpha_{11}\ln(y_{1,it})\ln\left(\frac{w_{1,it}}{w_{3,it}}\right) + \alpha_{12}\ln(y_{1,it})\ln\left(\frac{w_{2,it}}{w_{3,it}}\right) + \alpha_{13}\ln(y_{2,it})\ln\left(\frac{w_{1,it}}{w_{3,it}}\right) \\
&+ \alpha_{14}\ln(y_{2,it})\ln\left(\frac{w_{2,it}}{w_{3,it}}\right) + \alpha_{15}T + \frac{1}{2}\alpha_{16}T^2 + V_{it} + U_{it} \quad\quad (6.1)
\end{aligned}
$$

其中，TC 是总成本；$y_{1,it}$、$y_{2,it}$ 是银行 i 的产出，用贷款和其他盈利资产表示；$w_{1,it}$、$w_{2,it}$、$w_{3,it}$ 分别表示资金、劳动和固定资产的价格；T 表示时间趋势；V_{it} 是随机干扰项；U_{it} 是衡量成本无效率的随机变量。可以通过将成本无效率项具体化来考察审慎监管对银行成本效率的影响：

①　相应地，在检验审慎监管对银行利润效率的影响时，需要将被解释变量换成 $\ln\frac{R}{w_{3,it}}$。

$$U_{it} = \beta_0 + \sum_k \lambda_k Reg_{k,it} + \sum_j \eta_j Control_{j,it} \qquad (6.2)$$

其中，$Reg_{k,it}$ 是一组用来反映我国银行业审慎监管的指标，包括资本充足率、流动性①、杠杆率和贷款损失准备四类；$Control_{j,it}$ 是一组控制变量，主要包括银行规模、银行业集中度和经济增长及通胀水平等宏观指标，相关变量的具体定义见表6.4。

此外，考虑到银行风险行为具有持续性特征，我们利用动态面板模型来检验审慎监管对银行风险的影响。

$$Risk_{it} = \alpha Risk_{it-1} + \sum_k \lambda_k Reg_{k,it} + \sum_j \eta_j Control_{j,it} + \mu_i + \nu_{it} \qquad (6.3)$$

其中，$Risk_{it}$ 是银行风险变量，借鉴张宗益等（2012）的研究，本书选取 Z 指数（Z 值）和不良贷款率来代理银行经营风险和银行信贷风险变量。$Z = (ROA + CAR) / \sigma (ROA)$，其中，ROA 表示资产回报率，CAR 表示资本资产比率，用股东权益与总资产的比值表示，$\sigma (ROA)$ 表示资产回报率的标准差，Z 值越大表示银行破产风险越小。针对动态面板数据估计过程中存在的变量内生性和样本异质性问题给估计参数带来的偏差，Arellano 和 Bond（1991）提出使用系统 GMM 估计方法。该方法通过差分和工具变量来控制未观察到的时间或个体效应，同时还使用滞后的被解释变量和前期的解释变量作为工具变量，来解决双向因果关系引起的内生性问题。因此，本书使用系统 GMM 估计方法对模型（6.3）进行估计。同时，为了确保模型估计的有效性，我们对模型进行过度识别检验和二阶序列相关检验。

---

① 新监管标准引入了流动性覆盖率和净稳定资金比率，但是这方面的数据无法获得，本书选取我国监管实践中以前常采用的流动性比率和存贷比作为流动性监管指标。另外，尽管存贷比不超过75%的限制近期被取消，但我们仍然将其引入，作为对存贷比这个原有流动性监管工具的一种事后评估。

表 6.4　相关变量的定义

变量	符号	定义
总成本	TC	利息支出和非利息支出之和
总利润	R	税前利润总额
产出 1	y_1	贷款总额
产出 2	y_2	不包括贷款的其他盈利性资产
资金价格	w_1	利息支出/借贷资金总额
劳动价格	w_2	劳动支出/总资产
固定资产价格	w_3	(非利息支出 – 劳动支出)/固定资产净值
银行经营风险	Z	$Z =（ROA + CAR）/\sigma（ROA）$
银行信贷风险	npl	不良贷款余额与信贷总额比
资本充足率	cap	银行资本/风险加权资产
杠杆率	equ	资本/总资产
流动性比率	liq	流动性资产与总资产的比值
存贷比	ld	贷款余额/存款余额
贷款拨备率	$llrg$	贷款损失准备金余额/各项贷款余额
拨备覆盖率	$llri$	贷款损失准备/不良贷款率
银行规模	$size$	总资产的对数
银行业集中度	HHI	$\sum_{i=1}^{N} S_{it}^2$，S_{it} 为第 i 家银行 t 年的市场份额
经济增长	GDP	GDP 增长率
通货膨胀	CPI	(居民消费价格指数 – 100)/100

二　样本选择与数据描述

2007 年，我国对会计准则进行了重大修改。为避免该变化带来的影响，同时考虑到新监管准则主要是借鉴《巴塞尔协议Ⅲ》的审慎监管思想，而后者是针对次贷危机引发的全球金融危机而推出的，因此本章选取 2007～2013 年中国商业银行的数据作为研究样本，数据源于 Bankscope 数据库。我们剔除数据不完整的样本后得到 18 家银行 7 年共 126 个观测值的平衡面板数据，主要包括工、建、农、中、交 5 家大型国有银行，招商、浦发等 10 家股份制银行和 3 家城市银行，18 家样本商业银行总资产占中国银行业总资产的比重超过65%，基本能够反映中国银行业的整体情况。主要变量的统计性描述见表 6.5。

表 6.5　主要变量的统计性描述

变量	均值	标准差	最小值	最大值
TC	96.653	116.939	0.858	490.475
R	58.316	81.929	0.171	375.978
y_1	1779.570	2282.506	17.619	9681.415
y_2	1268.998	1524.898	13.707	5920.271
w_1	0.022	0.007	0.012	0.042
w_2	0.005	0.001	0.003	0.010
w_3	0.771	0.419	0.089	3.160
Z	5.023	0.868	3.798	8.613
npl	0.014	0.024	0.002	0.236
$size$	7.201	1.610	3.481	9.848
cap	0.120	0.029	0.070	0.300
equ	0.056	0.025	-0.140	0.150
liq	0.260	0.093	0.060	0.530
ld	0.548	0.105	0.310	0.820
$llrg$	0.024	0.019	0.010	0.220
$llri$	2.574	1.325	0.290	8.290
HHI	0.120	0.020	0.101	0.162
GDP	0.097	0.020	0.077	0.142
CPI	0.034	0.021	-0.007	0.059

由表 6.5 可知，样本期间内银行资本充足率的均值为 12%，不仅高于最新的正常条件下的非系统重要性银行最低资本充足率

10.5%的要求，也高于附加资本要求的系统重要性银行资本监管
11.5%的要求，说明我国商业银行在经过"注资－上市－引进战略
投资者"改革后，资本实力得到了显著增强。但是需要指出的是，
我国大型商业银行资本充足率的提高主要源自外部资金的注入，包
括国家对其补充的资金以及国有资产管理公司对其不良资产的剥离
和它们在股票市场上的筹资，而它们自身的资金积累对资本充足率
提高作用不大。样本期间内拨备覆盖率的均值为2.574，远高于审慎
监管要求的1.5，贷款拨备率均值为0.024，与审慎监管要求的
0.025较为接近。

动态地看，由图6.4可知，从2012年开始，由于宏观经济增长
不断减速，银行信贷风险逐渐暴露，银行各类审慎监管指标都出现
了下降趋势，银行风险补偿和抵御能力减弱。

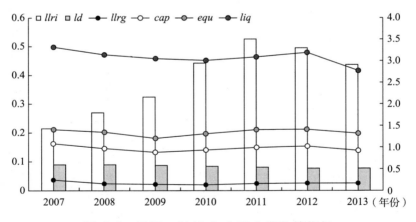

图6.4　2007～2013年中国审慎监管指标

三　实证结果分析

（一）审慎监管与银行效率的分析：基于随机前沿模型的联合估计

表6.6是模型（6.1）和式（6.2）的联合估计结果，从中我们
可以发现，随机边界生产模型的大多数参数在至少10%置信水平下

显著，LR 检验值证实了复合误差中存在单侧误差，意味着模型设定合理。样本期间内成本效率均值和利润效率均值分别为 0.892 和 0.744，这表明相对于生产前沿面的最佳银行，样本银行平均约有 11% 的成本浪费，约有 26% 的盈利应该获得而没有获得。因此，相对于成本控制而言，我国商业银行的利润创造能力还存在较大的提升空间。特别是在利率市场化改革深入和金融脱媒进程加速的背景下，依靠传统利差收入的盈利模式正在遭遇发展的瓶颈，迫切需要通过业务转型来开辟新的利润增长点（林谦，2013）。

在成本非效率模型中，资本充足率系数在5%置信水平下显著为正，说明资本充足率对银行成本非效率的影响为正。较高的资本充足率往往意味着银行要承担更多的资本持有成本和风险资产减持的机会成本。因此，资本充足率的提高降低了银行成本效率。存贷比系数在1%置信水平下显著为正，说明较高的存贷比增加了银行的成本非效率。可能的原因是，在较高存款准备金率和存贷比"75%红线"双重约束下，银行为了扩大信贷发放规模，不得不采用各种"高息揽储"方式来筹集可贷资金，这无疑会增加银行资金成本和相应的管理成本，进而就降低了银行成本效率。拨备覆盖率系数在5%置信水平下显著为正，说明拨备覆盖率的提高对银行成本效率的影响为负，银行计提较多的贷款损失准备金会增加银行经营成本并降低银行成本效率。

在利润非效率模型中，资本充足率和存贷比的系数均在1%置信水平下显著为正，说明较高的资本充足率和存贷比不利于银行利润效率的提高。流动性比率系数在1%置信水平下也显著为正，说明流动性比率增加会降低银行利润效率。可能的原因是，相对于贷款等高收益资产，流动性资产收益率普遍较低，大比例的流动性资产势必会降低银行利润，从而不利于银行利润效率的提高。杠杆率和贷款拨备率的系数均在1%置信水平下显著为负，说明杠杆率和贷款拨备率对银行利润非效率影响为负，即杠杆率和贷款拨备率提高有利于银行利润效率的改善。在表内外资产规模一定的情况下，杠杆率的提高主要体现为一级资本的增加，而这种资本的增加有助于防止银行的资本监管套利和风险积累，从而提高银行经营绩效。

表 6.6　随机边界生产函数与无效率模型的联合估计

Panel A：随机边界生产函数

变量	成本模型		利润模型	
	系数	标准差	系数	标准差
常数项	1.3545***	0.1881	2.7685***	0.1780
$\ln y_1$	0.6387***	0.1383	-1.2716^{***}	0.1474
$\ln y_2$	0.3911***	0.1365	1.2728***	0.1454
$\ln (w_1/w_3)$	0.7131***	0.1717	-0.7408^{***}	0.1161
$\ln (w_2/w_3)$	0.4348***	0.0857	0.8049***	0.0701
$\frac{1}{2} (\ln y_1)^2$	0.2949***	0.0602	-0.3901^{***}	0.0369
$\frac{1}{2} (\ln y_2)^2$	0.2797***	0.0694	-0.8571^{***}	0.0428
$\ln y_1 \times \ln y_2$	-0.2861^{***}	0.0643	0.6832***	0.0400
$\frac{1}{2} (\ln w_1/w_3)^2$	0.1583**	0.0797	-0.1904^{**}	0.0962
$\frac{1}{2} (\ln w_2/w_3)^2$	0.1172***	0.0522	0.0322	0.0547
$\ln (w_1/w_3) \times \ln (w_2/w_3)$	-0.1022^{**}	0.0633	-0.0389	0.0550
$\ln y_1 \times \ln (w_1/w_3)$	-0.0072	0.0365	-0.3373^{***}	0.0246
$\ln y_1 \times \ln (w_2/w_3)$	0.0013	0.0312	0.1925***	0.0135
$\ln y_2 \times \ln (w_1/w_3)$	0.0149	0.0408	0.3996***	0.0233
$\ln y_2 \times \ln (w_2/w_3)$	0.0078	0.0323	-0.2812^{***}	0.0138
T	0.1122***	0.0195	-0.0323^{*}	0.0226
$\frac{1}{2} T^2$	-0.0102^{***}	0.0024	-0.0017	0.0029

续表

Panel B：成本（利润）非效率影响因素项				
cap	0.5285**	0.2940	6.2274***	1.2772
equ	− 0.1808	0.4357	− 16.7437***	1.8753
liq	0.0418	0.0665	1.7004***	0.5841
ld	0.8397***	0.0566	2.6930***	0.3379
llrg	− 0.2788	0.4109	− 12.4384***	1.9249
llri	0.0055**	0.0035	0.0253	0.0312
size	− 0.0197***	0.0035	− 0.2978***	0.0217
HHI	0.8257**	0.4042	16.7487***	2.0181
GDP	− 1.7119***	0.4112	− 15.0641***	1.9001
CPI	− 0.3062**	0.1878	1.3133	1.1169
Panel C：模型检验变量				
sigma − squared	0.0010	0.0001	0.1115	0.0157
gamma	0.1518	0.0283	1.0000	0.0000
Log likelihood function	258.8876	66.3446		
单边误差的似然比检验 LR	169.9960	146.2330		

就控制变量而言，银行规模的系数在成本非效率和利润非效率模型中均为负，并都在 1% 置信水平下显著。这说明银行规模扩大有利于降低成本非效率和利润非效率，这与大银行能够充分利用规模经济和范围经济优势来降低成本和提高利润绩效的观点是一致的。*HHI* 系数在成本非效率和利润非效率模型中均显著为正，说明垄断性的银行结构降低了银行成本效率和利润效率。*GDP* 的系数在成本非效率和利润非效率模型中均显著为负，说明繁荣的宏观经济有利于银行成本效率和利润效率的增加。

（二）审慎监管与银行风险：基于系统 GMM 模型的实证分析

表 6.7 是模型（6.3）的系统 GMM 估计结果。其中，列（1）～

（3）的被解释变量是不良贷款率代理的银行信贷风险，列（4）~
（6）的被解释变量是 Z 指数代理的银行经营风险，Z 值越大，说明
银行经营破产风险越小。因此，列（4）~（6）模型中的系数若显著
为正，则说明该因素有利于降低银行经营风险。被解释变量的一阶
滞后项在 1% 置信水平下均显著为正，说明银行的信贷风险和经营风
险都具有高度持续的特征，这也在一定程度上说明本书运用动态模型
的合理性和必要性。模型检验统计量显示，各回归模型的 AR（2）和
Sargan 检验值均不能拒绝零假设，说明模型残差不存在显著二阶自相
关，工具变量的选择是合理的。另外，各变量符号和显著性在不同回
归模型中保持了较好的一致性，说明估计结果呈现出较强的稳定性。

表 6.7　审慎监管与银行信贷风险和经营风险的系统 GMM 估计结果

变量	不良贷款率			Z 指数		
	（1）	（2）	（3）	（4）	（5）	（6）
滞后项	0.100*** （40.45）	0.0957*** （35.05）	0.102*** （39.45）	0.440*** （4.80）	0.525*** （4.99）	0.524*** （5.92）
cap	-0.0208** （-2.41）			3.531 （0.42）		
equ	-0.000804 （-0.06）			37.99*** （2.47）		
liq		-0.00245 （-1.19）			-0.527 （-0.36）	
ld		-0.0168*** （-4.25）			4.606*** （2.49）	
llrg			0.199*** （5.11）			-14.94* （-1.69）
llri			-0.00200*** （-7.10）			0.0394 （0.38）
size	0.00342*** （12.16）	0.00310*** （9.12）	0.00115*** （5.18）	0.141 （1.21）	-0.108 （-1.02）	0.114 （1.14）

续表

变量	不良贷款率			Z 指数		
	（1）	（2）	（3）	（4）	（5）	（6）
HHI	0.291*** (20.68)	0.317*** (18.03)	0.123*** (5.28)	−163.4*** (−3.54)	−147.4*** (−3.43)	−154.1*** (−3.22)
GDP	−0.0231*** (−4.80)	−0.00978 (−1.57)	−0.0102 (−1.06)	45.45*** (3.43)	19.82 (1.40)	30.47** (2.24)
CPI	−0.0174*** (−6.17)	−0.0214*** (−7.79)	−0.00643 (−1.19)	−26.61*** (−6.62)	−20.17*** (−4.64)	−19.54*** (−5.49)
_ cons	−0.0446*** (−12.26)	−0.0386*** (−7.49)	−0.0116*** (−2.60)	13.44*** (3.18)	15.51*** (4.89)	16.12*** (3.84)
AR （2）	0.31	0.33	0.47	0.10	0.15	0.10
Sargan	0.25	0.25	0.30	0.41	0.27	0.18

就资本类监管指标而言，资本充足率系数在不良贷款率模型中为负，并在5%置信水平下显著，说明较高的资本充足率有利于降低银行信贷风险。杠杆率系数在 Z 指数模型中为正，并在1%置信水平下显著，说明杠杆率对银行经营风险的影响为负。杠杆率监管不仅可以防止商业银行过度扩张资产负债表和承担风险，控制金融体系的杠杆化程度，还能够防止银行使用内部模型进行监管套利，确保银行体系维持一定水平的合格资本，从而降低银行经营风险。

就流动性监管指标而言，流动性比率系数在不良贷款率和 Z 指数模型中都不显著，说明银行流动性水平对银行信贷风险和经营风险的影响不明显。这是因为在国际收支持续顺差和国内流动性总体较高的背景下，我国商业银行面临的流动性风险较小，流动性问题尚不足以对银行经营风险产生影响。但是，存贷比对银行信贷风险和经营风险均产生了显著的影响，存贷比的提高有助于降低银行信贷风险和经营风险。这与存贷比监管能够通过约束信贷规模过度扩张来防范和控制银行风险的观点恰好相反。可能的原因是，为了达到存贷比监管要求，不少银行违规"拉存款"、月末和季末"充时点"、扭曲资金价格，增加了银行经营风险。特别是在金融脱媒加速背景下，存贷比不超过75%的硬性规定，被认为是影子银行业务野蛮增长的重要导火索，导致商业银行非标准化资产持续膨胀，增加了银行体系的系统性风险。我们的实证结论在一定程度上为取消商业银行存贷比监管提供了实证层面的支持。

就拨备类监管指标而言，拨备覆盖率的系数在不良贷款率模型中为负，并在1%置信水平下显著，说明银行拨备覆盖率的提高能够有效降低银行信贷风险。贷款拨备率的系数在不良贷款率模型和Z指数模型中分别为正和负，并均在至少10%置信水平下显著，这说明银行贷款拨备率越高，信贷风险和经营风险也越高，即贷款拨备率的提高增加了银行信贷风险和经营风险。拨备覆盖率是损失准备金对不良贷款的覆盖，具有顺周期性。即当经济处于上行期时，贷款质量好，不良贷款少，当拨备覆盖率固定为150%时，提取的贷款损失准备金余额也少。而当经济下行时，贷款总量减少，不良贷款增加，贷款损失准备金余额要增加。而贷款拨备率指标是损失准备金对所有贷款的覆盖率，具有逆周期性。即当经济上行时，贷款总量增加，贷款损失准备金余额随着贷款总量增加而增加。当经济下行时，就可以释放经济上行时积累的贷款损失准备金余额。因此，对于拨备类监管，需要在实践中加强研究评估，结合使用两类监管指标，促进银行稳健经营。

最后，从控制变量中，我们发现，银行规模对不良贷款率的影响为正，即大银行的信贷风险要高于小银行；银行业集中度在不良贷款率模型和Z指数模型中分别显著为正和负，说明垄断性的银行结构提高了银行信贷风险和经营风险，我们的研究结论支持"集中度－脆弱性"假说强调的高集中度的银行体系提升了银行的市场势力，允许银行收取较高的贷款利率，进而诱使企业从事高风险的投资，增加企业的道德风险问题。相应地，贷款的违约概率会增加，银行倒闭的风险也会增加（Boyd and De Nicol，2005；杨天宇和钟宇平，2013）。

第四节　本章小结

2008 年席卷全球的金融危机，对全球金融业产生了巨大冲击，大量的银行机构破产倒闭，并引发了失业增加、经济衰退和社会动荡等一系列问题，全球金融危机的阴霾至今尚未完全散去。针对金融危机暴露出的监管制度缺失和监管不力等问题，金融稳定理事会（FSB）和巴塞尔银行监管委员会（BCBS）对《巴塞尔协议Ⅱ》进行了重大改革，并于 2010 年 12 月正式发布了全球银行业新的监管标准——《巴塞尔协议Ⅲ》。本章首先对《巴塞尔协议Ⅲ》以及其在我国的实践等内容进行了回顾，并对《巴塞尔协议Ⅲ》有效性研究进行了梳理和分析，定性分析了四类审慎监管工具对我国商业银行经营的影响。在此基础上，本章基于 2007～2013 年我国 18 家商业银行的微观数据，采用随机前沿生产函数和非效率影响因素模型的联合估计方法，实证分析了我国现有审慎监管指标对银行成本效率和利润效率的影响。同时，我们还利用系统 GMM 估计模型研究了审慎监管指标对银行信贷风险和银行经营风险的影响。我们的研究发现，较高的资本充足率在降低银行信贷风险的同时，也降低了银行的成本效率和利润效率；拨备覆盖率的增加有利于降低银行信贷风险，但显著地提高了银行的成本非效率；杠杆率和贷款拨备率对银行利润效率的影响为正，但贷款拨备率增加了银行风险；存贷比监管不仅不能降低银行信贷风险和经营风险，还显著地降低了银行成本效率和利润效率；流动性比率对银行风险和银行效率的影响均不显著。

上述结果表明，不同审慎监管工具对银行风险和效率的影响存在差别，部分审慎监管工具在降低银行风险的同时，也降低了银行效率，即审慎监管的目标在效率和风险之间存在一定的取舍。因此，监管当局在设计和执行审慎监管政策时，要对审慎监管可能产生的效率和风险冲突进行充分研究与评估，尽量降低审慎监管标准要求提高对银行效率及银行经营发展造成的负面冲击，努力在风险和效率中寻求一个平衡点。与此同时，商业银行也要主动顺应审慎监管的要求，积极转变发展方式和盈利模式，强化经营结构和收益结构转型，努力提高资产质量和资产收益率。最后，由于我国商业银行的盈利模式主要还是以净息差为主，资本市场还不够发达，经济发展对银行信贷的依赖还很严重，审慎监管通过改变银行风险偏好和资产组合配置对我国宏观经济发展产生重要影响。未来要进一步加强审慎监管宏观效应的研究，尽量降低其对宏观经济发展的不利冲击。

第七章　结论与展望

第一节　主要结论

银行监管政策至关重要。Barth et al.（2005）曾这样说过：银行政策可以使社会福利最大化，也可以构建一个牺牲大多数人利益而让少数利益集团富有的政治堡垒。尽管许多国家的银行监管机构都将促进银行高效稳健运营、保障消费者权益以及维护国民经济良好运转作为监管目标，并对通过加强银行监管来实现上述目标抱有很大希望，但是实际监管效果不尽如人意。特别是此轮全球金融危机暴露出的监管问题，引发了各界对现有银行监管制度和政策的反思。因此，对银行监管有效性的实证分析，对于完善监管政策框架、促进银行稳健高效经营意义重大。鉴于此，本书在对银行监管的理论、运行机制及功效等问题进行全面梳理和分析的基础上，构建了较为全面的跨国银行业数据库和银行监管数据库，从竞争、效率和风险三个维度对银行监管的有效性进行了实证检验，并结合《巴塞尔协议Ⅲ》，对中国审慎监管工具的有效性进行了定性分析和实证检验，以期丰富和完善对银行监管有效性的评估研究，为中国商业银行审慎监管改革提供经验支撑，促进我国商业银行稳健高效运营。

我们的主要结论如下。

首先，基于全球 128 个国家或地区 1998～2010 年相关数据，采用 Lerner 指数和 Boone 指数衡量银行竞争，对银行监管背景下银行竞争行为的实证研究发现：样本期间内全球银行业市场势力总体呈现波动上升趋势，但在 2008 年金融危机期间出现明显下降，发达国家的银行竞争度要高于发展中国家；资本管制政策显著地提高了银行竞争度，而业务管制、市场监督和政府监管权力的提高均显著地增加了银行垄断势力，削弱了银行竞争。另外，我们的研究还发现，垄断性的银行结构和较高的净利差削弱了银行竞争，保险业发展促进了银行竞争，而股票市场和非利息业务的发展提高了银行的市场势力。

其次，基于 2000～2010 年全球 121 个国家或地区 1024 家银行的微观数据，采用 DEA 模型测算了银行效率和生产率，对银行监管与银行效率和生产率之间的关系进行了实证研究。我们的研究结果表明：在采取更严格资本管制和有着更强政府监管权力的国家，银行资源配置能力更佳，银行经营效率更高，资本管制和政府监管权力的提升有利于银行效率增加。而在对银行经营活动有着更加严格限制和对银行向市场披露信息有着更加严格要求的国家，银行效率往往更低，业务管制和市场监督显著地降低了银行效率。因此，我们的研究结论从效率的视角，为《巴塞尔协议》第一和第二大支柱强调的资本管制和政府监管能够对银行发展产生积极作用这一观点提供了跨国层面的实证支持，但是没有为《巴塞尔协议》第三大支柱强调利用信息披露来加强市场对银行的监管有利于促进银行发展的观点提供支持。与此同时，我们的结论在一定程度上也支持通过放松银行经营活动限制来鼓励银行充分利用规模经济和范围经济改善绩效。但是，动态地看，经营限制有利于银行生产率的提高。当控制了政治制度、法制环境和政府治理等地区制度质量之后，上述研究结果并没有发生改变，我们的研究结论较为稳健。

再次，基于 2000～2010 年跨国银行业面板数据，采用 Z 指数和不良贷款率衡量银行经营风险和银行信贷风险，我们对银行监管和银行风险之间的关系进行了实证研究。同时，我们还进一步考察了这种关系在不同政治环境、法制水平和政府治理等制度条件下是否发生改变，即同样的银行监管在不同的制度质量下对银行风险的影响是否存在异质性。研究发现，对银行经营活动的限制不仅显著地降低了银行经营风险，还降低了银行信贷风险，业务管制有利于促进银行稳定。但是，业务管制的风险抑制效应依赖一定的制度水平。只有当一国的制度水平超过一定的门槛，业务管制才会降低银行风险，否则会提高银行风险。样本内大部分经济体的制度指数都超过了门槛值，经营限制总体上有利于降低银行风险。市场监督对银行风险的影响存在不确定性，有利于降低银行信贷风险，但提高了银行经营风险。资本管制和政府监管对银行经营风险和信贷风险的影响均不显著，但是资本管制与制度质量在降低风险中存在显著替代效应，制度质量的改善有利于提高政府监管的银行信贷风险抑制效应。总体来看，银行监管对银行风险的影响在制度水平不同的经济体中表现出一定的异质性。

最后，在对《巴塞尔协议Ⅲ》及其在中国的实践等问题进行定性分析的基础上，采用随机前沿生产函数和非效率影响因素模型的联合估计方法，实证分析了我国现有审慎监管工具对银行成本效率和利润效率的影响。同时，我们还利用系统 GMM 估计模型研究了审慎监管指标对银行信贷风险和银行经营风险水平变动的影响。研究发现，较高的资本充足率在降低银行信贷风险的同时，也降低了银行的成本效率和利润效率；拨备覆盖率的增加有利于降低银行信贷风险,却显著提高了银行成本效率;杠杆率和贷款拨备率对银行利润效率的影响为正,但贷款拨备率增加了银行风险;存贷比监管不仅不能降低银行信贷风险和经营风险,还显著地降低了银行成本效率和利润效率;流动性比率对银行风险和银行效率的影响均不显著。这些结论表明,不同的审慎监管指标对银行风险和效率的影响存在差别,部分审慎监管指标在降低银行风险的同时,也降低了银行效率,即审慎监管的目标在效率和风险之间存在一定的取舍。

第二节　政策启示

根据本书的理论研究和实证分析结果,我们得出如下政策启示。

一　银行监管需要平衡目标之间的冲突

我们的研究发现,银行监管政策对银行竞争度、效率和风险的影响没有呈现出一致性。例如,对银行经营活动的限制有利于降低银行风险,但是降低了银行竞争度和银行效率水平。较高的资本充足率和拨备覆盖率在降低银行信贷风险的同时,显著地增加了银行成本非效率。这说明银行监管目标在实现过程中存在冲突。因此,监管当局在具体设计和执行银行监管政策时,要对银行监管可能产生的效率和风险冲突进行充分研究和评估,尽量降低银行监管政策,特别是审慎监管标准要求提高对银行效率及银行经营发展可能造成的负面冲击,努力在竞争、风险和效率中寻求一个平衡点。

二　良好的制度环境是确保银行监管有效的必要条件

我们的研究结论显示,业务管制能够显著地降低银行信贷风险和经营风险,但这种风险抑制效应依赖一定的政治环境、法制水平和政府治理效能等制度水平。只有当该国的制度水平超过一定的门槛，业务管制才会降低银行风险，否则会提高银行风险。同样，我们还发现，制度质量的改善有利于提高政府监管的银行信贷风险抑制效应。即银行监管对银行风险的影响在不同制度水平的经济体中表现出一定的异质性。事实上，《巴塞尔协议》的《有效银行监管核心原则》一直强调单靠银行监管是难以促进银行业稳健发展的，还要依赖宏观经济政策、金融基础设施等方面的支持，即有效银行监管需要先决条件。第三版《有效银行监管核心原则》将原来有效银行监管的四个先决条件修订为六个，认为稳健且可持续的宏观经济政策，完善的金融稳定政策制定框架，完善的公共金融基础设施，明确的危机管理、恢复和解决框架，适度的系统性保护机制和有效的市场约束是有效银行监管的前提条件。因此，为了提高银行监管的有效性，应该加强相关制度建设，完善有效银行监管的先决条件。

三 大力推进银行经营转型是提高审慎监管有效性的重要保障

对于中国商业银行而言，随着经济结构调整和新资本监管标准的实施，严格的资本计提要求和杠杆率要求，将大大抑制银行信贷扩张冲动，传统依赖资产规模和资本消耗的发展方式以及过度依赖存贷利差的盈利模式将面临巨大的调整压力，银行经营转型迫在眉睫。为了更好地适应审慎监管提出的新要求，商业银行应该积极转变经营观念，摒弃单纯追求规模与数量扩张的外延式增长方式，向多元化价值增值型的内涵式增长方式转变。一是在资产结构转型方面，要积极推动信贷业务创新，加大投行业务、托管业务等不占用或少占用信贷资源的替代产品的创新和营销力度，提高资产的整体盈利水平。二是在收益结构转型方面，要大力拓展私人银行、财富管理、代理销售等中间业务，实现银行收益来源多元化，促进银行盈利模式的转变。三是在客户结构转型方面，要继续稳定和提高来自大中型客户的综合效益，积极拓展中小企业业务，实现由交易驱动客户向关系驱动客户转变。四是在渠道结构转型方面，要积极打造集交易、营销、服务为一体的综合性电子银行服务平台，提升产品在各渠道间的交叉销售与协同服务能力，提高网均效益。

第三节　研究不足与展望

本书的研究虽然取得了一定的进展，但仍需要通过进一步深入的研究来探讨银行监管的有效性。首先，本书的研究基于银行的微观数据，主要是从银行发展的视角来研究银行监管政策的效果。事实上，银行监管政策通过改变银行风险偏好和资产组合配置等经营行为对实体经济变量如产出、物价和利率以及货币政策传导等产生影响，因而银行监管宏观效果的实证研究应该成为未来的研究方向之一。其次，银行监管变量是根据法律条文所赋予的权力来构建的，但实际执行情况仍可能存在偏差或者打折扣，未来在银行监管指数编制方面应该更加微观具体，以更好地评估银行监管政策的效果。最后，如何通过理论模型和实证模拟来深入分析银行监管运行机制，未来需要持续的关注和深入的研究。

参考文献

〔美〕美国金融危机调查委员会：《美国金融危机调查报告》，中信出版社，2011。

巴茨、卡普里奥、莱文、黄毅、张晓朴：《反思银行监管》，中国金融出版社，2008。

巴曙松、金玲玲、朱元倩：《巴塞尔Ⅲ下的资本监管对中国银行业的影响》，《农村金融研究》2011 年第 6 期。

巴曙松、王璟怡、杜婧：《从微观审慎到宏观审慎：危机下的银行监管启示》，《国际金融研究》2010 年第 5 期。

陈雄兵、陈子珊：《外资银行进入是否提升了银行系统的竞争——来自中国的实证研究》，《经济问题探索》2012 年第 5 期。

成洁：《中国资本充足率监管与商业银行风险承担：理论与经验研究》，浙江大学，博士学位论文，2013。

程凤朝、叶依常：《资本充足率对宏观经济的影响分析》，《管理世界》2014 年第 12 期。

何蛟、傅强、潘璐：《引入外资战略投资者对我国商业银行效率的影响》，《中国管理科学》2010 年第 5 期。

侯晓辉、李婉丽、王青：《所有权、市场势力与中国商业银行的全要素生产率》，《世界经济》2011 年第 2 期。

黄隽、汤珂：《商业银行竞争、效率及其关系研究——以韩国、中国台湾和中国大陆为例》，《中国社会科学》2008年第1期。

贾飙、王博、文艺：《实施巴塞尔协议Ⅲ对中国宏观经济的影响分析》，《南开经济研究》2015年第2期。

李国栋、陈辉发：《我国银行业市场竞争度估计不一致检验与实证——基于Panzar-Rosse模型的一个讨论》，《数量经济技术经济研究》2012年第6期。

李国栋：《基于Boone指数的中国银行业贷款市场竞争度估计》，《数量经济技术经济研究》2015年第5期。

李平、曾勇、朱晓林：《中国银行业改革对中资银行效率变化的影响》，《管理科学学报》2013年第8期。

李双杰、高岩：《银行效率实证研究的投入产出指标选择》，《数量经济技术经济研究》2014年第4期。

李伟、韩立岩：《外资银行进入对我国银行业市场竞争度的影响：基于Panzar-Rosse模型的实证研究》，《金融研究》2008年第5期。

梁琪、李政、卜林：《中国宏观审慎政策工具有效性研究》，《经济科学》2015年第2期。

廖岷、林学冠、寇宏：《中国宏观审慎监管工具和政策协调的有效性研究》，《金融监管研究》2014年第12期。

林谦：《金融资产服务业务与银行经营转型》，《金融论坛》2013年第6期。

刘光第：《中国经济体制转轨时期的货币政策研究》，中国金融出版社，1997。

陆静：《巴塞尔协议Ⅲ及其对国际银行业的影响》，《国际金融研究》2011年第3期。

马君潞、郭牧炫、李泽广：《银行竞争、代理成本与借款期限结构——来自中国上市公司的经验证据》，《金融研究》2013年第4期。

毛洪涛、何熙琼、张福华：《转型经济体制下我国商业银行改革对银行效率的影响——来自1999－2010年的经验证据》，《金融研究》2013年第12期。

邵汉华、杨俊、廖尝君：《中国银行业的竞争度与效率——基于102家商业银行的实证分析》，《金融论坛》2014年第10期。

沈坤荣、李莉：《银行监管：防范危机还是促进发展？——基于跨国数据的实证研究及其对中国的启示》，《管理世界》2005年第10期。

施其武：《新监管标准实施对商业银行转型影响的实证研究——基于贷款行为和稳定性的视角》，《金融监管研究》2012年第6期。

王聪、宋慧英：《外资银行进入对中国商业银行竞争行为影响的实证研究》，《南方经济》2012年第9期。

王聪、谭政勋：《我国商业银行效率结构研究》，《经济研究》2007年第7期。

王学龙：《基于稳定与效率协调的有效银行监管研究》，天津财经大学，博士学位论文，2007。

王宗芳：《中国银行业市场结构优化问题研究》，中共中央党校，博士学位论文，2007。

魏琪、傅强、林荫华：《审慎性监管有助于改善银行效率吗？——基于门限模型的实证研究》，《经济科学》2014年第3期。

吴恒宇：《商业银行市场竞争与风险行为关系研究》，重庆大学，博士学位论文，2013。

吴纬：《资本约束对商业银行资产配置行为的影响——基于175家商业银行数据的经验研究》，《金融研究》2011年第4期。

熊启跃：《银行资本监管的宏微观效应研究》，武汉大学，博士学位论文，2013。

徐明东：《资本充足率约束与银行资产组合行为及其宏观经济效应研究》，复旦大学，博士学位论文，2008。

杨天宇、钟宇平：《中国银行业的集中度、竞争度与银行风险》，《金融研究》2013年第1期。

杨文、孙蚌珠、程相宾：《中国国有商业银行利润效率及影响因素——基于所有权结构变化视角》，《经济学（季刊）》2015年第2期。

姚树洁、姜春霞、冯根福：《中国银行业的改革与效率：1995-2008》，《经济研究》2011年第8期。

殷孟波、石琴、梁丹：《银行业竞争测度模型评述——基于非结构分析视角》，《金融研究》2009年第7期。

尹志超、吴雨、林富美：《市场化进程与商业银行风险——基于中国商业银行微观数据的实证研究》，《金融研究》2014年第1期。

袁鲲、阮永平、饶素凡：《巴塞尔协议、杠杆率约束及银行风险监管有效性》，《现代管理科学》2014年第5期。

张健华、王鹏：《中国银行业广义malmquist生产率指数研究》，《经济研究》2010年第8期。

张健华、王鹏：《中国银行业前沿效率及其影响因素研究——基于随机前沿的距离函数模型》，《金融研究》2009年第12期。

张强、陶江、吴敏：《中国商业银行网点布局绩效研究——基于主要商业银行的比较》，《金融研究》2012年第5期。

张晓玫、潘玲：《我国银行业市场结构与中小企业关系型贷款》，《金融研究》2013年第6期。

张中元：《银行监管、监管有效性与银行风险承担：跨国异质性分析》，《金融评论》2014年第2期。

张宗益、刘胤、唐先明：《银行资本调整与风险控制：内生互动与周期性特征》，《管理科学学报》2014年第17期。

张宗益、吴恒宇、吴俊:《商业银行价格竞争与风险行为关系——基于贷款利率市场化的经验研究》,《金融研究》2012 年第 7 期。

钟伟、谢婷:《巴塞尔协议Ⅲ的新近进展及其影响初探》,《国际金融研究》2011 年第 3 期。

Abiad, A., Detragiache, E., Tressel, T., "A New Database of Financial Reforms" *IMF Staff Papers* 57 (2), 2010.

Aghion, P., Peter, H., "A Model of Growth through Creative Destruction", *Econometrica* 60 (6), 1992.

Aghion, P., Bolton, P., Fries, S., "Optimal Design of Bank Bailouts: The Case of Transition Economies," *Journal of Institutional and Theoretical Economics* 155 (1), 1999.

Agoraki, M. E. K., Delis, M. D., Pasiouras, F., "Regulations, Competition and Bank Risk-taking in Transition Countries," *Journal of Financial Stability* 7 (1), 2011.

Aigner, D., Lovell, C. A. K., Schmidt, P., "Formulation and Estimation of Stochastic Frontier Production Function Models," *Journal of Econometrics* 6 (1), 1977.

Alessandri, P., Haldane, A. G., *Banking on the State* (London: Bank of England, 2009).

Allen, F., Gale, D., "Competition and Financial Stability," *Journal of Money Credit and Banking* 36 (3), 2004.

Anzoátegui, D., Pería, M. S. M., Melecky, M., "Bank Competition in Russia: An Examination at Different Levels of Aggregation," *Emerging Markets Review* 13 (1), 2012.

Arellano, M., Bond, S., "Some Test of Specification for Panel Data: Monte Carlo Evidence and an Application to Employment Equations," *The*

Review of Economic Studies 58 (2): 277 - 297.

Ariss, R. T., "On the Implications of Market Power in Banking: Evidence from Developing Countries," *Journal of Banking & Finance* 34 (4), 2010.

Arun, T. G., Turner, J. D., "Corporate Governance of Banks in Developing Economies: Concepts and Issues," *Corporate Governance* 12 (3), 2004.

Ataullah, A., Cockerill, T., Le, H., "Financial Liberalization and Bank Efficiency: A Comparative Analysis of India and Pakistan," *Applied Economics* 36 (17), 2004.

Ayuso, J., Pérez, D., Saurina, J., "Are Capital Buffers Pro-cyclical?: Evidence from Spanish Panel Data," *Journal of Financial Intermediation* 13 (2), 2004.

Bain, J. S., "Relation of Profit Rate to Industry Concentration: American Manufacturing, 1936 - 1940," *The Quarterly Journal of Economics* 65 (3), 1951.

Banker, R. D., Charnes, A., Cooper, W. W., "Some Models for Estimating Technical and Scale Inefficiencies in Data Envelopment Analysis," *Management Science* 30 (9), 1984.

Barajas, A., Steiner, R., Salazar, N., "The Impact of Liberalization and Foreign Investment in Colombia's Financial Sector," *Journal of Development Economics* 63 (1), 2000.

Barth, J. R., Caprio, G., Levine, R., "Banking Systems around the Globe: Do Regulation and Ownership Affect Performance and Stability?" *Prudential Supervision: What Works and What Doesn't* (Chicago: University of Chicago Press, 2001).

Barth, J. R. , Caprio, G. , Levine, R. , "Bank Regulation and Supervision: What Works Best?" *Journal of Financial Intermediation* 13 (2), 2004.

Barth, J. R. , Caprio, G. , Levine, R. , *Rethinking Bank Regulation: Till Angels Govern* (Cambridge: Cambridge University Press, 2005).

Basel Committee for Banking Supervision. "An Assessment of the Long-term Economic Impact of Stronger Capital and Liquidity Requirements. " *BIS Working Paper*, 2010.

Battese, G. E. , Coelli, T. J. , "A Model for Technical Inefficiency Effects in a stochastic frontier Production Function for Panel Data," *Empirical Economics* 20 (2), 1995.

Battese, G. E. , Coelli, T. J. , *Frontier Production Functions, Technical Efficiency and Panel Data: With Application to Paddy Farmers in India* (Berlin: Springer Netherlands, 1992)

Beck, T. , De Jonghe, O. , Schepens, G. , "Bank Competition and Stability: Cross-Country Heterogeneity," *Journal of Financial Intermediation* 22 (2), 2013.

Beck, T. , Demirgüç-Kunt, A. , Levine, R. , "Bank Supervision and Corruption in Lending," *Journal of Monetary Economics* 53 (8), 2006.

Beck, T. , Demirguc-Kunt, A. , Maksimovic, V. , "Bank Competition and Access to Finance: International Evidence," *Journal of Money, Credit, and Banking* 36 (3), 2004.

Beck, T. , Demirgüç-Kunt, A. , Merrouche, O. , "Islamic vs. Conventional Banking: Business model, Efficiency and Stability," *Journal of Banking & Finance* 37 (2), 2013.

Berger, A. N. , DeYoung, R. , "Problem Loans and Cost Efficiency in Commercial Banks," *Journal of Banking & Finance* 21 (6), 1997.

Berger, A. N., Di Patti. E. B., "Capital Structure and Firm Performance: A New Approach to Testing Agency Theory and an Application to the Banking Industry," *Journal of Banking & Finance* 30 (4), 2006.

Berger, A. N., Hannan, T. H., "The Price-Concentration Relationship in Banking," *Finance & Economics Discussion* 71 (2), 1989.

Berger, A. N., Hannan, T. H., "Using Efficiency Measures to Distinguish among Alternative Explanations of the Structure-performance Relationship in Banking," *Managerial Finance* 23 (1), 1997.

Berger, A. N., Hasan, I., Zhou, M., "Bank Ownership and Efficiency in China: What will Happen in the World's Largest Nation?" *Journal of Banking & Finance* 33 (1), 2009.

Berger, A. N., Herring, R. J., Szegö, G. P., "The Role of Capital in Financial Institutions," *Journal of Banking & Finance* 19 (3), 1995.

Berger, A. N., Klapper, L. F., Turk-Ariss, R., "Bank Competition and Financial Stability," *Journal of Financial Services Research* 35 (2), 2009.

Berger, A., Davies, S., Flannery, M., "Comparing Market and Regulatory Assessments of Bank Performance: Who Knows What When?" *Journal of Money Credit and Banking* 32, 2000.

Berger, A. N., "Market discipline in banking," *Proceedings of the 27th Annual Federal Reserve Bank of Chicago Conference on Bank Structure and Competition*, 1991.

Bikker, J. A., "Testing for Imperfect Competition on EU Deposit and Loan Markets with Bresnahan's Market Power Model," *Kredit und Kapital* 36 (2), 2003.

Bolt, W. , Humphrey, D. , "Bank Competition Efficiency in Europe: A frontier Approach," *Journal of Banking & Finance* 34 (8), 2010.

Bonin, J. P. , Hasan, I. , Wachtel, P. , "Bank Performance, Efficiency and Ownership in Transition Countries," *Journal of Banking & Finance* 29 (1), 2005.

Boone, J. , "A New Way to Measure Competition," *The Economic Journal* 118 (531), 2008.

Borio, C. , "Towards a Macroprudential Framework for Financial Supervision and Regulation?" *CESifo Economic Studies* 49 (2), 2003.

Boyd, J. H. , Chang, C. , Smith, B. D. , "Moral Hazard under Commercial and Universal Banking," *Journal of Money, Credit and Banking* 30 (3), 1998.

Boyd, J. H. , De Nicolo, G. , "The Theory of Bank Risk Taking and Competition Revisited," *The Journal of Finance* 60 (3), 2005.

Bresnahan, T. F. , "The Oligopoly Solution Concept is Identified," *Economics Letters* 10 (1), 1982.

Brissimis, S. N. , Delis, M. D. , Papanikolaou, N. I. , "Exploring the Nexus between Banking Sector Reform and Performance: Evidence from Newly Acceded EU Countries," *Journal of Banking & Finance* 32 (12), 2008.

Calem, P. , Rob, R. , "The Impact of Capital-Based Regulation on Bank Risk-Taking," *Journal of Financial Intermediation* 8 (4), 1999.

Carbó, S. , Humphrey, D. , Maudos, J. , et al. "Cross-country Comparisons of Competition and Pricing Power in European Banking," *Journal of International Money and Finance* 28 (1), 2009.

Casu, B. , Girardone, C. , Molyneux, P. , "Productivity Change in European Banking: A Comparison of Parametric and Non-parametric Approaches," *Journal of Banking & Finance* 28 (10), 2004.

Chelo, V., "Basel Regulations and Banks' Efficiency: The Case of the Philippines," *Journal of Asian Economics* 39 (3), 2015.

Chiuri, M. C., Ferri, G., Majnoni, G., "The Macroeconomic Impact of Bank Capital Requirements in Emerging Economies: Past Evidence to Assess the Future," *Journal of Banking & Finance* 26 (5), 2002.

Chortareas, G. E., Girardone, C., Ventouri, A., "Bank Supervision, Regulation, and Efficiency: Evidence from the European Union," *Journal of Financial Stability* 8 (4), 2012.

Claessens, S., Daniela, K., Mike, L., *Corporate Governance Reform Issues in the Brazilian Equity Markets* (Washington, D. C., United States: World Bank. Mimeographed document, 2000).

Claessens, S., Demirgüç-Kunt, A., Huizinga, H., "How does Foreign Entry Affect Domestic Banking Markets?" *Journal of Banking & Finance* 25 (5), 2001.

Claessens, S., Laeven, L., "Financial Dependence, Banking Sector Competition, and Economic Growth," *Journal of the European Economic Association* 3 (1), 2005.

Claessens, S., Laeven, L., "What Drives Bank Competition? Some International Evidence," *Journal of Money, Credit and Banking* 36 (3), 2004.

Clerides, S., Delis, M. D., Kokas, S., "A New Data Set on Bank Competition in National Banking Markets," *University of Cyprus*, 2013.

Coccorese, P., Pellecchia, A., "Testing the 'quiet life' Hypothesis in the Italian Banking Industry," *Economic Notes* 39 (3), 2010.

Coelli, T., Rao, P., Battase, E., *An Introduction to Efficiency and*

Productivity Analysis (Boston: Kluwer Academic Publishers, 1998).

Crockett, A., "Marrying the Micro-And Macro-Prudential Dimensions of Financial Stability," *BIS Working Paper*, 2000.

Cubillas, E., SuáRez, N., "Bank Market Power after a Banking Crisis: Some International Evidence," *The Spanish Review of Financial Economics* 11 (1), 2013.

De Nicolò, G., Turk Ariss, R., "Bank Market Power Rents and Risk: Theory and Measurement," *Paolo Baffi Centre Research Paper*, 2010.

De Guevara. J. F., Maudos, J., PéRez, F., "Market Power in European Banking Sectors," *Journal of Financial Services Research* 27 (2), 2005.

Delis, M. D., "Bank Competition, Financial Reform, and Institutions: The Importance of Being Developed," *Journal of Development Economics* 97 (2), 2012.

Demirgüç-Kunt, A., Huizinga, H., "Determinants of Commercial Bank Interest Margins and Profitability: Some International Evidence," *The World Bank Economic Review* 13 (2), 1999.

Demirguc-Kunt, A., Laeven, L., Levine, R., "Regulations, Market Structure, Institutions, and The Cost of Financial Intermediation," *Journal of Money, Credit and Banking* 36 (3), 2004.

Denizer, C. A., Dinc, M., Tarimcilar, M., "Financial Liberalization and Banking Efficiency: Evidence from Turkey," *Journal of Productivity Analysis* 27 (3), 2007.

Detragiache, E., Garella, P., Guiso, L., "Multiple VS Single Banking Relationships: Theory and Evidence," *Journal of Finance* 55 (3), 2000.

Dewatripont, M. , Rochet, J. C. , Tirole, J. , *Balancing the Banks*: *Global Lessons from the Financial Crisis* (Princeton: Princeton University Press, 2010).

Diamond, D. W. , Dybvig, P. H. , "Bank Runs, Deposit insurance, and Liquidity," *Journal of Political Economy* 91 (3), 1983.

Dietsch, M. , Lozano-Vivas, A. , "How the Environment Determines Banking Efficiency: A Comparison Between French and Spanish Industries," *Journal of Banking & Finance* 24 (6), 2000.

Dinç, I. S. , "Monitoring the Monitors: the Corporate Governance in Japanese Banks and Their Real Estate Lending in the 1980s," *The Journal of Business* 79 (6), 2006.

Djankov, S. , La Porta, R. , Lopez de Silanes, F. , Shleifer, A. , "The Regulation of Entry," *Quarterly Journal of Economics* 117 (1), 2002.

Drake, L. , Hall, M. J. B. , Simper, R. , "The Impact of Macroeconomic and Regulatory Factors on Bank Efficiency: A Non-Parametric Analysis of Hong Kong's Banking System," *Journal of Banking & Finance* 30 (5), 2006.

Efthyvoulou, G. , Yildirim, C. , "Market Power in CEE Banking Sectors and the Impact of the Global Financial Crisis," *Journal of Banking & Finance* 40 (1), 2014.

Eskelinen, J. , Kuosmanen, T. , "Intertemporal Efficiency Analysis of Sales Teams of a Bank: Stochastic Semi-Nonparametric Approach," *Journal of Banking & Finance* 37 (12), 2013.

Estrella, A. , "Regulatory Capital and the Supervision of Financial institutions: Some Basic Distinctions and Policy Choices," *Working Paper*, 2001.

Farrell, M. J. , "The Measurement of Productive Efficiency," *Journal of the Royal Statistical Society* 120 (3), 1957.

Fernández, A. I. , González, F. , Suárez, N. , "How Institutions and Regulation Shape the Influence of Bank Concentration on Economic Growth: International Evidence," *International Review of Law and Economics* 30 (1), 2010.

Fethi, M. D. , Shaban, M. , Weyman-Jones, T. , "Liberalisation, Privatisation and the Productivity of Egyptian Banks: A Non-parametric Approach," *The Service Industries Journal* 31 (7), 2011.

Figueira, C. , Nellis, J. , "Banking Efficiency in Non-Core EU Countries-A Comparative Analysis of Portugal and Spain," *Journal of Economics* 89 (1), 2007.

Flannery, M. J. , Kwan, S. H. , Nimalendran, M. , "Market Evidence on the Opaqueness of Banking Firms' Assets," *Journal of Financial Economics* 71 (3), 2004.

Fonseca, A. R. , González, F. , "How Bank Capital Buffers vary across Countries: The Influence of Cost of Deposits, Market Power and Bank Regulation," *Journal of Banking & Finance* 34 (4), 2010.

Francis, W. , Osborne, M. , "Bank Regulation, Capital and Credit Supply: Measuring the Impact of Prudential Standards," *Occasional Paper* 36, 2009.

Fries, S. , Taci, A. , "Cost Efficiency of Banks in Transition: Evidence from 289 Banks in 15 Post-communist Countries," *Journal of Banking & Finance* 29 (1), 2005.

FungÁčovÁ, Z. , Solanko, L. , Weill, L. , "Does Competition influence the Bank Lending Channel in the Euro Area?" *Journal of Banking &*

Finance 49（12），2014.

Fungacova Z. , Solanko, L. , Weill, L. , "Market Power in the Russian Banking Industry," *International Economics* 124（4），2010.

Goodhart, C. , Schoenmaker, D. , "Should the Functions of Monetary Policy and Banking Supervision Be Separated?" *Oxford Economic Papers* 47（4），1995.

Gorton, G. B. , Winton, A. , "Liquidity Provision, Bank Capital, and the macro-economy," *Working Paper*, 2014.

Griffith, R. , Boone, J. , Harrison, R. , "Measuring Competition," *Advanced institute of Management Research Paper*, 2005.

Gruda, S. , Kristo, S. , "Competition, Efficiency and Stability in Albanian Banking System," *Journal of Academic Research in Economics* 2（3），2010.

Guidara, A. , Soumaré, I. , Tchana, F. T. , "Banks' Capital Buffer, Risk and Performance in the Canadian Banking System: Impact of Business Cycles and Regulatory Changes," *Journal of Banking & Finance* 37（9），2013.

Hadad, M. D. , Hall, M. J. B. , Kenjegalieva, K. , et al. "Efficiency and Malmquist Indices of Productivity Change in Indonesian Banking," *Working Paper*, 2008.

Hasan, I. , Marton, K. , "Development and Efficiency of the Banking Sector in a Transitional Economy: Hungarian Experience," *Journal of Banking & Finance* 27（12），2003.

Hellmann, T. F. , Murdock, K. C. , Stiglitz, J. E. , "Liberalization, Moral Hazard in Banking, and Prudential Regulation: Are Capital Requirements Enough?" *American Economic Review* 90（1），2000.

Helmann, T. , Murdock, K. , Stiglitz, J. E. , "Franchise Value and the Dynamics of Financial Liberalization," *Working Papes*, 2002.

Hermes, N. , Meesters, A. , " Financial Liberalization, Financial Regulation and Bank Efficiency: A Multi-Country Analysis," *Applied Economics* 47 (21), 2015.

Hermes, N. , Nhung, V. T. H. , "The Impact of Financial Liberalization on Bank Efficiency: Evidence from Latin America and Asia," *Applied Economics* 42 (26), 2010.

Hicks, J. R. , "Annual Survey of Economic Theory: the Theory of Monopoly," *Econometrica: Journal of the Econometric Society* 3 (1), 1935.

Hoque, H. , Andriosopoulos, D. , Andriosopoulos, K. , et al. "Bank Regulation, Risk and Return: Evidence from the Credit and Sovereign Debt Crises," *Journal of Banking & Finance* 50, 2015.

Hosono, K. , " Market Discipline in Bank Regulation and Governance," *Working Paper*, 2004.

Institute of International Finance, *The Cumulative Impact on the Global Economy of Changes in the Financial Regulatory Framework* (Washington, DC: Institute of International Finance, 2011).

Isik, I. , "Bank Ownership and Productivity Developments: Evidence from Turkey," *Studies in Economics and Finance* 24 (2), 2007.

Iwata, G. , "Measurement of Conjectural Variations in Oligopoly," *Econometrica: Journal of the Econometric Society* 42 (5), 1974.

Jacques, K. , Nigro, P. , "Risk-Based Capital, Portfolio Risk, and Bank Capital: A Simultaneous Equations Approach," *Journal of Economics and Business* 49 (6), 1997.

Jeon, B. N. , Olivero, M. P. , Wu, J. , " Do Foreign Banks Increase Competition? Evidence from Emerging Asian and Latin American Banking Markets," *Journal of Banking & Finance* 35 (4), 2011.

Jimenez, G., Lopez, J. A., Saurina, J., "How Does Competition Affect Bank Risk-Taking?" *Journal of Financial Stability* 9 (2), 2013.

Kareken, J. H., Wallace, N., "Deposit Insurance and Bank Regulation: A Partial-equilibrium Exposition," *Journal of Business* 51 (3), 1978.

Kashyap, A., "The Future of Financial Regulation: An Exchange of Views," *Financial Stability Review* 13 (1), 2009.

Keeley, M. C., "Deposit Insurance, Risk, and Market Power in Banking," *American Economic Review* 80 (5), 1990.

Keeley, M. C., Furlong, F. T., "A Reexamination of Mean-Variance Analysis of Bank Capital Regulation," *Journal of Banking & Finance* 14 (1), 1990.

Kiema, I., Jokivuolle, E., "Leverage Ratio Requirement and Credit Allocation under Basel III," *Ssrn Electronic Journal*, 2010.

Kim, T., Koo, B., Park, M., "Role of Financial Regulation and innovation in the Financial Crisis," *Journal of Financial Stability* 9 (4), 2013.

Kishan, R. P., Opiela, T. P., "Bank Size, Bank Capital, and the Bank Lending Channel," *Journal of Money, Credit and Banking* 32 (1), 2000.

Klomp, J., De Haan, J., "Banking Risk and Regulation: Does One Size Fit All?" *Journal of Banking & Finance* 36 (12), 2012.

Koetter, M., Kolari, J. W., Spierdijk, L., "Enjoying the Quiet Life under Deregulation? Evidence from Adjusted Lerner indices For US Banks," *Review of Economics and Statistics* 94 (2), 2012.

Konishi, M. , Yasuda, Y. , "Factors Affecting Bank Risk Taking: Evidence from Japan," *Journal of Banking & Finance* 28 (1), 2004.

Koutsomanoli-Filippaki, A. , Margaritis, D. , Staikouras, C. , "Efficiency and Productivity Growth in the Banking Industry of Central and Eastern Europe," *Journal of Banking & Finance* 33 (3), 2009.

Kristo, S. , Gruda, S. , "Competition, Efficiency and Stability in Albanian Banking System," *Journal of Academic Research in Economics* 2 (3), 2010.

Krozner, R. S. , Strahan, P. E. , "What Drives Deregulation, Economics and Politics of the Relaxation of Bank Branching Restrictions," *Quarterly Journal of Economics* 114 (4), 1999.

Kyj, L. , Isik, I. , "Bank-efficiency in Ukraine: An Analysis of Service Characteristics and Ownership," *Journal of Economics and Business* 60 (4), 2008.

Laeven, L. , Levine, R. , "Is There a Diversification Discount in Financial Conglomerates?" *Journal of Financial Economics* 85 (2), 2007.

Laeven, L. , Valencia, F. , "Systemic Banking Crises Database: An Update," *IMF Working Paper* 61 (2), 2012.

Landier, A. , Thesmar, D. , "Regulating Systemic Risk through Transparency: Trade-offs in Making Data Public," *Risk Topography: Systemic Risk and Macro Modeling* (Chicago: University of Chicago Press, 2011).

Lau, L. J. , "On Identifying the Degree of Competitiveness from industry Price and Output Data," *Economics Letters* 10 (1), 1982.

Lerner, A. P. , "The Concept of Monopoly and the Measurement of Monopoly Power," *The Review of Economic Studies* 1 (3), 1934.

Leroy, A., "Competition and the Bank Lending Channel in Euro-zone," *Journal of International Financial Markets, Institutions and Money* 31 (3), 2014.

Li, L., Song, F. M., "Do Bank Regulations Affect Board independence? A Cross-Country Analysis," *Journal of Banking & Finance* 37 (8), 2013.

Lim, C. H., Columba, F., Costa, A., "Macro-prudential Policy: What Instruments and How are They Used? Lessons from Country Experiences," *IMF Working Paper*, 2011.

Macey, J. R., O'Hara, M., "The Corporate Governance of Banks," *Economic Policy Review* 9 (1), 2003.

Macroeconomic Assessment Group, "Final Report: Assessing the Macroeconomic Impact of the Transition to Stronger Capital and Liquidity Requirements," *BIS Working Paper*, 2010.

Mamatzakis, E., Matousek, R., Vu, A. N., "What Is the Impact of Bankrupt and Restructured Loans on Japanese Bank Efficiency?" *Journal of Banking & Finance* 37 (12), 2015.

Marius andrieş, A., Căpraru, B., "Competition and Efficiency in EU27 Banking Systems," *Baltic Journal of Economics* 12 (1), 2012.

Martinez-Miera, D., Repullo, R., "Does Competition Reduce the Risk of Bank Failure?" *Review of Financial Studies* 23 (10), 2010.

Matthews, Kent., Mahadzir, Ismail., "Efficiency and Productivity Growth of Domestic and Foreign Commercial Banks in Malaysia," *Cardiff Economics Working Papers*, 2006.

Maudos, J., Pastor, J. M., Perez, F., et al. "Cost and Profit Efficiency in European Banks," *Journal of International Financial Markets, institutions and Money* 12 （1）, 2002.

Mckinnon, R. I. , *Money and Capital in Economic Development*, （Washington, D. C. : Brookings Institution Press, 1973）.

Minksy, H. , *The Financial Instability Hypothesis: Capitalist Processes and the Behavior of the Economy*, 1979, *Financial Crisis: Theory, History and Policy* （Cambridge: Cambridge University Press & Maison Des Sciences De L'Homme, 1982）.

Moguillansky, G. , Studart, R. , Vergara, S. , "Foreign Banks in Latin America," *Cepal Review* 8, 2004.

Moradi-Motlagh, A. , Babacan, A. , "The Impact of the Global Financial Crisis on the Efficiency of Australian Banks," *Economic Modelling* 46 （6）, 2015.

Mulyaningsih, T. , Daly, A. , Miranti, R. , "Foreign Participation and Banking Competition: Evidence from the Indonesian Banking Industry," *Journal of Financial Stability* 19, 2015.

Musonda, A. , "Deregulation, Market Power and Competition: An Empirical Investigation of the Zambian Banking Industry," *Centre for Study of African Economies* 1 （3）, 2008.

Neri, M. , "The Unintended Consequences of the Basel Ⅲ Liquidity Risk Regulation," *NBER Working Paper*, 2012.

Nier, E. , Baumann, U. , "Market Discipline, Disclosure and Moral Hazard in Banking," *Journal of Financial Intermediation* 15 （3）, 2006.

Nikiel, E. M. , Opiela, T. P. , "Customer type and bank efficiency in Poland: Implications for Emerging Market Banking," *Contemporary Economic Policy* 20 （3）, 2002.

Panzar, J. C. , Rosse, J. N. , "Testing For 'Monopoly' Equilibrium," *The Journal of industrial Economics* 35 (4), 1987.

Panzar, J. C., Rosse, J. N., *Structure, Conduct, and Comparative Statistics*, (New York: Bell Telephone Laboratories, 1982).

Pasiouras, F., Tanna, S., Zopounidis, C., "The Impact of Banking Regulations on Banks' Cost and Profit Efficiency: Cross-Country Evidence," *International Review of Financial Analysis* 18 (5), 2009.

Pausch, T., "Risk Sensitivity of Banks, Interbank Markets and the Effects of Liquidity Regulation," *NBER Working Paper*, 2012.

Peltzman, S., "Toward a More General theory of Regulation," *Journal of Law and Economics* 19 (2), 1976.

Pigou, A. C., *The Economics of Welfare* (London: Palgrave Macmillan, 2013).

Poghosyan, T., Poghosyan, A., "Foreign Bank Entry, Bank Efficiency and Market Power in Central and Eastern European Countries," *Economics of Transition* 18 (3), 2010.

Posner, R. A., "Theories of Economic Regulation," *The Bell Journal of Economics and Management Science* 5 (2), 1974.

Punt, L. W., Van Rooij, M. C. J., "The Profit-structure Relationship and Mergers in the European Banking Industry: An Empirical Assessment," *Kredit und Kapital* 36 (1), 2003.

Quintyn, M. M., Taylor, M. M., *Regulatory and Supervisory Independence and Financial Stability* (Washington, D. C.: International Monetary Fund, 2002).

Ray, S. C., Das, A., "Distribution of Cost and Profit Efficiency: Evidence from Indian Banking," *European Journal of Operational Research* 201 (1), 2010.

Roger, S. , Vitek, F. , "The Global Macroeconomic Costs of Raising Bank Capital Adequacy Requirements," *IMF Working Paper*, 2012.

Saeed, M. , Izzeldin, M. , "Examining the Relationship between Default Risk and Efficiency in Islamic and Conventional Banks in the GCC and Three Non-GCC Countries," *Journal of Economic Behavior & Organization*, No. 22417172, 2012.

Saunders, A. , "Banking and Commerce: An Overview of the Public Policy Issues," *Journal of Banking & Finance* 18 (2), 1994.

Schaeck, K. , CiháK, M. , "Competition, Efficiency, and Stability in Banking," *Financial Management* 43 (1), 2014.

Schaeck, K. , Cihak, M. , Wolfe, S. , "Are Competitive Banking Systems More Stable?" *Journal of Money, Credit and Banking* 41 (4), 2009.

Sghaier, A. , Ali, M. S. , "Competition and Banking Efficiency: Evidence from Tunisian Banking Industry," *Journal of Islamic Economics, Banking and Finance* 8 (1), 2012.

Shaffer, S. , "A Test of Competition in Canadian Banking," *Journal of Money, Credit and Banking* 25 (1), 1993.

Shaffer, S. , Disalvo, J. , "Conduct in a Banking Duopoly," *Journal of Banking & Finance* 18 (6), 1994.

Shin, H. S. , "Macroprudential Policies Beyond Basel Ⅲ," *BIS Papers*, 2011.

Shleifer, A. , "Understanding Regulation," *European Financial Management* 11 (4), 2005.

Shleifer, A. , Vishny, R. W. , *The Grabbing Hand: Government Pathologies and Their Cures* (Cambridge: Harvard University Press, 1998).

Slovik, P. , Cournede, B. , "Macroeconomic Impact of Basel Ⅲ,"

OECD Working Paper, 2011.

Soedarmono, W., Machrouh, F., Tarazi, A., "Bank Competition, Crisis and Risk Taking: Evidence from Emerging Markets in Asia," *Journal of International Financial Markets, Institutions and Money* 23 (1), 2013.

Staub, R. B. E., Souza, G. S., Tabak, B. M., "Evolution of Bank Efficiency in Brazil: A DEA Approach," *European Journal of Operational Research* 202 (1), 2010.

Stigler, G. J., "The Theory of Economic Regulation," *The Bell Journal of Economics and Management Science* 2 (1), 1971.

Stiglitz, J. E., "Capital Market Liberalization, Economic Growth, and Instability," *World Development* 28 (6), 2000.

Stiglitz, J. E., Weiss, A., "Credit Rationing in Markets with Imperfect Information," *The American Economic Review* 71 (3), 1981.

Sturm, J. E., Williams, B., "Foreign Bank Entry, Deregulation and Bank Efficiency: Lessons from the Australian Experience," *Journal of Banking & Finance* 28 (7), 2004.

Tabak, B. M., Fazio, D. M., Cajueiro, D. O., "The Relationship Between Banking Market Competition and Risk-Taking: Do Size and Capitalization Matter?" *Journal of Banking & Finance* 36 (12), 2012.

Thangavelu, S. M., Findlay, C., "Bank Efficiency, Regulation and Response to Crisis of Financial Institutions in Selected Asian Countries," *Working Paper*, 2010.

Tobin, J., "Estimation of Relationships for Limited Dependent Variables," *Econometrica: Journal of the Econometric Society* 26 (1), 1958.

Turk-Ariss, R., "Competitive Conditions in Islamic and Conventional Banking: A Global Perspective," *Review of Financial Economics* 19

（3），2010.

Van Leuvensteijn, M. , Bikker, J. A. , Van Rixtel, A. A. , et al. "A New Approach to Measuring Competition in the Loan Markets of the Euro Area," *Applied Economics* 43 （23）, 2011.

Varian, H. R. , "Intermediate Microeconomics: A Modem Approach," （New York: W. W. Norton. , 1996）.

Weill, L. , "On the Relationship between Competition and Efficiency in the EU Banking Sectors," *Working Paper*, 2004.

Williams, J. , Nguyen, N. , "Financial Liberalisation, Crisis, and Restructuring: A Comparative Study of Bank Performance and Bank Governance in South East Asia," *Journal of Banking & Finance* 29 （8）, 2005.

Yeyati, E. L. , Micco, A. , "Concentration and Foreign Penetration in Latin American Banking Sectors: Impact on Competition and Risk," *Journal of Banking & Finance* 31 （6）, 2007.

Yildirim, H. S. , Philippatos, G. C. , "Restructuring, Consolidation and Competition in Latin American Banking Markets," *Journal of Banking & Finance* 31 （3）, 2007.

附录1 银行监管与银行经营风险的稳健性检验结果

	（1）	（2）	（3）	（4）	（5）
$L.\ \ln Z$	0.495*** (25.85)	0.498*** (26.83)	0.497*** (24.97)	0.499*** (26.06)	0.496*** (25.72)
Cap	-0.00137 (-0.04)				-0.0273 (-0.71)
Act		0.202*** (3.41)			0.197*** (3.38)
Sup			-0.00457 (-0.11)		0.0175 (0.40)
Mar				-0.285*** (-3.32)	-0.304*** (-3.65)
$Size$	1.194** (2.27)	1.336** (2.42)	1.206** (2.26)	1.282** (2.39)	1.396*** (2.50)
$Size \times Size$	-0.0917** (-2.38)	-0.105*** (-2.57)	-0.0925** (-2.40)	-0.0969** (-2.49)	-0.108*** (-2.62)
Liq	-0.276 (-1.16)	-0.375 (-1.43)	-0.267 (-1.10)	-0.217 (-0.91)	-0.333 (-1.29)
Ci	-0.00189 (-0.01)	-0.0355 (-0.18)	-0.0117 (-0.06)	-0.0219 (-0.12)	-0.0323 (-0.16)

续表

	（1）	（2）	（3）	（4）	（5）
Nii	0.628***	0.664***	0.633***	0.641***	0.656***
	(2.77)	(2.97)	(2.81)	(2.82)	(2.94)
Ndep	0.121	0.101	0.140	0.103	0.0475
	(0.17)	(0.14)	(0.20)	(0.15)	(0.07)
Loan	1.582**	1.726**	1.586**	1.519**	1.662**
	(2.14)	(2.27)	(2.11)	(2.05)	(2.21)
GDP	2.970***	3.119***	2.928***	2.953***	3.145***
	(8.04)	(8.29)	(7.95)	(7.94)	(8.30)
CPI	−0.511*	−0.180	−0.493*	−0.715***	−0.457
	(−1.79)	(−0.58)	(−1.63)	(−2.51)	(−1.48)
CR3	−1.064*	−1.375**	−1.109**	−0.754	−0.966*
	(−1.86)	(−2.40)	(−1.98)	(−1.36)	(−1.69)
_cons	−28.79***	−32.18***	−28.33***	−27.38***	−31.05***
	(−7.39)	(−7.51)	(−7.36)	(−7.25)	(−7.35)
AR（1）	0.00	0.00	0.00	0.00	0.00
AR（2）	0.24	0.34	0.31	0.31	0.34
Sargan	0.29	0.33	0.28	0.25	0.29

附录 2　银行监管、异质性和银行经营风险的稳健性检验结果

	（1）	（2）	（3）	（4）	（5）	（6）
L. lnZ	0.507*** (25.24)	0.510*** (22.79)	0.506*** (25.44)	0.502*** (25.19)	0.494*** (23.15)	0.494*** (24.48)
Cap	−0.000536 (−0.01)	0.00878 (0.22)	−0.0463 (−1.33)	0.0162 (0.39)	−0.0309 (−0.83)	−0.00290 (−0.08)
Act	0.105*** (3.10)	0.0764*** (2.50)	0.172*** (3.29)	0.0894*** (2.81)	0.117*** (3.19)	0.0847*** (2.86)
Sup	0.0291 (0.69)	0.0138 (0.35)	0.0327 (0.76)	0.0429 (1.09)	0.0327 (0.78)	0.0285 (0.71)
Mar	−0.155** (−2.37)	−0.118** (−2.01)	−0.239*** (−3.13)	−0.146** (−2.34)	−0.165*** (−2.55)	−0.185*** (−2.75)
制度	kcre	kgee	kpve	krge	krle	kvae
Cap × 制度	−0.0859** (−2.29)	−0.111*** (−3.08)	−0.0428 (−1.00)	−0.105** (−2.09)	−0.0673* (−1.76)	−0.0917** (−2.28)
Act × 制度	0.129** (2.33)	0.147** (2.37)	0.134*** (2.67)	0.157*** (2.48)	0.129** (2.40)	0.172*** (2.57)
Sup × 制度	−0.0143 (−0.35)	0.0157 (0.33)	−0.0734* (−1.69)	−0.0370 (−0.74)	−0.0321 (−0.72)	−0.0198 (−0.46)
Mar × 制度	−0.189* (−1.84)	−0.185* (−1.67)	−0.0629 (−0.81)	−0.181* (−1.76)	−0.150 (−1.59)	−0.186** (−2.23)

续表

	（1）	（2）	（3）	（4）	（5）	（6）
制度	0.121 （0.16）	-0.891 （-1.10）	0.0687 （0.10）	1.069 （1.32）	1.252 （1.35）	0.122 （0.13）
Size	1.389** （2.22）	1.347** （2.15）	1.497** （2.40）	1.352** （2.18）	1.430** （2.27）	1.460** （2.38）
Size × *Size*	-0.107** （-2.36）	-0.103** （-2.25）	-0.111*** （-2.46）	-0.104** （-2.30）	-0.108** （-2.37）	-0.111*** （-2.46）
Liq	-0.249 （-0.97）	-0.215 （-0.86）	-0.254 （-1.00）	-0.234 （-0.89）	-0.277 （-1.10）	-0.291 （-1.10）
Ci	0.0554 （0.29）	0.0555 （0.28）	0.0705 （0.36）	0.0472 （0.24）	0.0139 （0.07）	0.0714 （0.39）
Nii	0.639*** （2.76）	0.641*** （2.78）	0.660*** （2.97）	0.639*** （2.84）	0.626*** （2.80）	0.657*** （2.93）
Ndep	-0.303 （-0.42）	-0.404 （-0.57）	-0.188 （-0.26）	-0.369 （-0.51）	-0.245 （-0.34）	-0.135 （-0.19）
Loan	1.683** （2.23）	1.469** （1.99）	1.714** （2.26）	1.603** （2.12）	1.690** （2.23）	1.646** （2.17）
GDP	3.512*** （7.33）	3.638*** （7.00）	3.479*** （7.94）	3.229*** （7.53）	3.004*** （7.25）	3.235*** （7.68）
CPI	-0.760** （-2.20）	-0.719** （-2.19）	-1.046*** （-3.13）	-0.759** （-2.21）	-0.683** （-1.95）	-0.716** （-2.21）
CR3	-1.299** （-2.05）	-0.896 （-1.46）	-0.837 （-1.39）	-1.073* （-1.66）	-1.241** （-1.95）	-1.004 （-1.58）
_cons	-34.00*** （-6.97）	-34.67*** （-6.53）	-34.75*** （-7.19）	-32.08*** （-6.95）	-30.22*** （-6.77）	-31.76*** （-7.17）
AR（1）	0.00	0.00	0.00	0.00	0.00	0.00
AR（2）	0.34	0.35	0.34	0.35	0.36	0.35
Sargan	0.28	0.23	0.29	0.26	0.29	0.32

附录3 银行监管与银行信贷风险的稳健性估计结果

	（1）	（2）	（3）	（4）	（5）
L. Npl	0.797***	0.783***	0.782***	0.776***	0.792***
	（17.85）	（17.92）	（17.61）	（17.35）	（17.32）
Cap	0.000873				0.000263
	（0.98）				（0.30）
Act		−0.00177***			−0.00147**
		（−2.70）			（−2.36）
Sup			−0.000250		−0.000284
			（−0.35）		（−0.39）
Mar				−0.00655***	−0.00564***
				（−3.19）	（−2.96）
Size	−0.0343***	−0.0330***	−0.0350***	−0.0327***	−0.0322***
	（−3.09）	（−3.01）	（−3.18）	（−2.98）	（−2.96）
Size × Size	0.00104	0.00103	0.00107	0.000955	0.00100
	（1.44）	（1.45）	（1.50）	（1.34）	（1.41）
Liq	−0.00100	0.000212	−0.000129	0.000575	−0.000189
	（−0.18）	（0.04）	（−0.02）	（0.11）	（−0.04）
Ci	0.0134	0.0134	0.0132	0.0131	0.0132
	（1.45）	（1.41）	（1.43）	（1.44）	（1.43）

	（1）	（2）	（3）	（4）	（5）
Nii	0.00166	0.00172	0.00180	0.00165	0.00143
	（0.46）	（0.47）	（0.49）	（0.46）	（0.40）
$Ndep$	−0.0360*	−0.0378*	−0.0371*	−0.0365*	−0.0352
	（−1.66）	（−1.75）	（−1.70）	（−1.68）	（−1.63）
$Loan$	0.0682***	0.0678***	0.0686***	0.0686***	0.0686***
	（4.65）	（4.55）	（4.70）	（4.64）	（4.76）
GDP	0.00147	−0.00243	0.00137	0.000286	−0.00333
	（0.15）	（−0.25）	（0.14）	（0.03）	（−0.34）
CPI	0.0541***	0.0492***	0.0552***	0.0483***	0.0457***
	（4.74）	（4.34）	（4.74）	（4.32）	（3.98）
$CR3$	−0.0241	−0.0213	−0.0214	−0.0191	−0.0229
	（−1.19）	（−1.06）	（−1.06）	（−0.95）	（−1.15）
_cons	0.174*	0.220**	0.184*	0.220**	0.257***
	（1.82）	（2.29）	（1.92）	（2.32）	（2.60）
AR（1）	0.00	0.00	0.00	0.00	0.00
AR（2）	0.61	0.56	0.58	0.57	0.55
Sargan	0.35	0.35	0.34	0.38	0.31

附录 4 银行监管、异质性与银行信贷风险的估计结果

	（1）	（2）	（3）	（4）	（5）	（6）
L. lnZ	0. 738***	0. 805***	0. 780***	0. 820***	0. 815***	0. 815***
	（15. 84）	（17. 33）	（16. 79）	（17. 28）	（17. 94）	（17. 75）
Cap	0. 000925	− 0. 000123	− 0. 0000420	− 0. 00156	− 0. 000157	− 0. 000402
	（0. 89）	（− 0. 11）	（− 0. 04）	（− 1. 44）	（− 0. 17）	（− 0. 42）
Act	− 0. 00161***	− 0. 00136*	− 0. 00156**	− 0. 000808	− 0. 00170***	− 0. 000486
	（− 2. 47）	（− 1. 85）	（− 2. 35）	（− 1. 19）	（− 2. 60）	（− 0. 74）
Sup	− 0. 000725	0. 0000667	− 0. 000249	0. 000787	0. 0000838	0. 000575
	（− 0. 93）	（0. 08）	（− 0. 31）	（0. 99）	（0. 11）	（0. 74）
Mar	− 0. 00525***	− 0. 00612***	− 0. 00544***	− 0. 00522***	− 0. 00589***	− 0. 00596***
	（− 2. 73）	（− 2. 96）	（− 2. 70）	（− 2. 51）	（− 3. 10）	（− 2. 96）
制度	kcre	kgee	kpve	krge	krle	kvae
Cap × 制度	− 0. 0000427	0. 00197***	0. 000257	0. 00379***	0. 00262***	0. 00216**
	（− 0. 05）	（2. 47）	（0. 21）	（2. 87）	（3. 06）	（2. 18）
Act × 制度	− 0. 0000737	− 0. 00154**	− 0. 0000444	− 0. 00248***	− 0. 00110*	− 0. 00227**
	（− 0. 12）	（− 2. 24）	（− 0. 06）	（− 2. 75）	（− 1. 70）	（− 2. 57）
Sup × 制度	0. 0000596	− 0. 00133	0. 0000618	− 0. 00227**	− 0. 00121	− 0. 000964
	（0. 07）	（− 1. 62）	（0. 08）	（− 2. 08）	（− 1. 41）	（− 1. 09）
Mar × 制度	0. 00366**	0. 00159	0. 00139	− 0. 000346	0. 000686	− 0. 00173
	（2. 09）	（0. 77）	（0. 79）	（− 0. 14）	（0. 39）	（− 0. 93）

续表

	（1）	（2）	（3）	（4）	（5）	（6）
制度	- 0. 0482***	0. 00914	- 0. 0246	0. 0450*	0. 0175	0. 0326
	（- 2. 63）	（0. 47）	（- 1. 19）	（1. 69）	（0. 83）	（1. 53）
Size	- 0. 0290***	- 0. 0330***	- 0. 0319***	- 0. 0333***	- 0. 0340***	- 0. 0332***
	（- 2. 68）	（- 2. 99）	（- 2. 98）	（- 2. 97）	（- 3. 01）	（- 2. 89）
Size × Size	0. 000618	0. 00103	0. 000953	0. 00108	0. 00112	0. 00110
	（0. 86）	（1. 43）	（1. 37）	（1. 48）	（1. 53）	（1. 47）
Liq	- 0. 000208	0. 0000436	0. 000899	- 0. 000689	0. 0000948	- 0. 0000654
	（- 0. 04）	（0. 01）	（0. 18）	（- 0. 13）	（0. 02）	（- 0. 01）
Ci	0. 0119	0. 0135	0. 0118	0. 0139	0. 0129	0. 0131
	（1. 38）	（1. 45）	（1. 32）	（1. 47）	（1. 41）	（1. 54）
Nii	0. 000694	0. 00162	0. 00204	0. 00233	0. 00204	0. 00181
	（0. 19）	（0. 44）	（0. 54）	（0. 68）	（0. 57）	（0. 46）
Ndep	- 0. 0290	- 0. 0354	- 0. 0370*	- 0. 0372*	- 0. 0377*	- 0. 0406*
	（- 1. 33）	（- 1. 61）	（- 1. 72）	（- 1. 72）	（- 1. 70）	（- 1. 91）
Loan	0. 0682***	0. 0656***	0. 0689***	0. 0671***	0. 0674***	0. 0653***
	（4. 82）	（4. 40）	（4. 79）	（4. 53）	（4. 60）	（4. 43）
GDP	0. 00345	- 0. 00101	0. 00364	- 0. 00333	- 0. 00481	0. 000627
	（0. 35）	（- 0. 10）	（0. 38）	（- 0. 33）	（- 0. 48）	（0. 06）
CPI	0. 0418***	0. 0437***	0. 0477***	0. 0422***	0. 0421***	0. 0409***
	（3. 65）	（3. 75）	（3. 94）	（3. 66）	（3. 72）	（3. 57）
CR3	- 0. 0235	- 0. 0210	- 0. 0197	- 0. 0187	- 0. 0233	- 0. 0208
	（- 1. 20）	（- 1. 02）	（- 1. 01）	（- 0. 91）	（- 1. 14）	（- 1. 04）
_cons	0. 204**	0. 239**	0. 194**	0. 240**	0. 275***	0. 208*
	（2. 04）	（2. 28）	（2. 00）	（2. 32）	（2. 65）	（1. 92）
AR（1）	0. 00	0. 00	0. 00	0. 00	0. 00	0. 00
AR（2）	0. 47	0. 54	0. 59	0. 54	0. 55	0. 53
Sargan	0. 32	0. 31	0. 31	0. 32	0. 31	0. 31

后 记

　　本书是根据我的博士论文修改而成的，首先要感谢我的导师杨俊教授。杨老师是我硕博期间的导师，对我的关心和爱护始终如一，让我心存感激。恩师尽管身兼数职、异常繁忙，但总会专门抽出时间与我讨论学术问题，多次语重心长地给我讲述学术研究国际化的重要性，并积极引导我阅读大量英文文献，对我英文论文写作给予了极大的指导和帮助，他对学生深切的关爱，使我丝毫不敢懈怠、生怕辜负期望。同时，杨老师温厚宽达的品格，使我在专业知识之外额外获得一笔宝贵财富，终身受益。

　　其次，我要特别感谢我的父母，他们含辛茹苦地抚育我长大，在我漫长的求学生涯中，给予了极大的支持和鼓励，感恩之情无以言表！此外，也要感谢306研究室的兄弟姐妹，怀念我们一起探究学术、畅谈人生趣事的时光，每每想起，内心总会有一种幸福和喜悦。

　　最后，本书的出版得到了南昌大学一流学科建设专项经费的资助，南昌大学经济管理学院刘耀彬院长也给予了热情指导，他对青年博士的学术科研特别关心，不遗余力地为我们创造条件，在此深表感谢！南昌大学经济管理学院是一个拼搏奋进的集体，入职以来我得到很多同事真诚友善的帮助，充分感受到大家庭的温馨，祝福"一流学院、幸福经管"创建目标早日实现！

邵汉华

2017 年 9 月于南昌大学

图书在版编目（CIP）数据

银行监管有效性的实证研究：基于银行竞争度、效
率和风险的多维视角 / 邵汉华著. -- 北京：社会科学
文献出版社，2017.12
（南昌大学青年学者经管论丛）
ISBN 978 - 7 - 5201 - 1848 - 4

Ⅰ.①银…　Ⅱ.①邵…　Ⅲ.①银行监管 - 研究　Ⅳ.
①F830.22

中国版本图书馆 CIP 数据核字（2017）第 289650 号

南昌大学青年学者经管论丛
银行监管有效性的实证研究
　　——基于银行竞争度、效率和风险的多维视角

著　　者 / 邵汉华

出 版 人 / 谢寿光
项目统筹 / 周　丽　高　雁
责任编辑 / 高　雁　梁　雁

出　　版 / 社会科学文献出版社·经济与管理分社（010）59367226
　　　　　 地址：北京市北三环中路甲 29 号院华龙大厦　邮编：100029
　　　　　 网址：www.ssap.com.cn
发　　行 / 市场营销中心（010）59367081　59367018
印　　装 / 北京季蜂印刷有限公司

规　　格 / 开　本：787mm×1092mm　1/16
　　　　　 印　张：12　字　数：160 千字
版　　次 / 2017 年 12 月第 1 版　2017 年 12 月第 1 次印刷
书　　号 / ISBN 978 - 7 - 5201 - 1848 - 4
定　　价 / 75.00 元

本书如有印装质量问题，请与读者服务中心（010 - 59367028）联系